本书出版得到国家古籍整理出版专项经费资助

中华意象
ZHONGHUA YIXIANG

飞禽走兽趣谈

赵宗福 刘永红 著

中华书局 上海古籍出版社

图书在版编目（CIP）数据

飞禽走兽趣谈/赵宗福，刘永红著. —北京：中华书局，
上海古籍出版社，2010.4
（文史中国）
ISBN 978 - 7 - 101 - 07319 - 5

Ⅰ.飞⋯　Ⅱ.①赵⋯②刘⋯　Ⅲ.动物 - 关系 -
传统文化 - 研究 - 中国　Ⅳ. G12

中国版本图书馆 CIP 数据核字（2010）第 039928 号

书　　名	飞禽走兽趣谈
著　　者	赵宗福　刘永红
丛 书 名	文史中国
责任编辑	娄建勇
出版发行	中华书局

（北京市丰台区太平桥西里 38 号　100073）

http://www.zhbc.com.cn

E - mail：zhbc@ zhbc.com.cn

上海古籍出版社

（上海市瑞金二路 272 号　200020）

http://www.guji.com.cn

E - mail：gujil@ guji.com.cn

印　　刷	北京精彩雅恒印刷有限公司
版　　次	2010 年 4 月北京第 1 版
	2010 年 4 月北京第 1 次印刷
规　　格	850×1168 毫米　1/32
	印张 6　字数 65 千字
印　　数	1—6000 册
国际书号	ISBN 978 - 7 - 101 - 07319 - 5
定　　价	24.00 元

《文史中国》丛书
出版缘起

《文史中国》丛书的策划编撰，始于2004年。

这一年，中共中央、国务院明确了一项重大的文化战略："对未成年人进行以爱国主义为核心的伟大民族精神的教育"，要求通过中华民族优良传统和悠久历史的教育学习，引导广大青少年"从小树立民族自尊心、自信心和自豪感"。

有鉴于此，中华书局和上海古籍出版社——中国南北两家以弘扬中华传统文化为己任的著名出版社——决定联手合作，出版一套为青少年量身度制的高质量的传统文化系列图书，其初命名为《长城丛书》，计16个系列、约160种图书。计划得到了有关部门的高度重视，很快列入了"'十一·五'国家重点图书出版规划"与"国家古籍整理出版'十一·五'重点规划"。

2005年，中宣部策划组织的弘扬伟大民族精神的重点出版工程——"民族精神史诗"全面展开。《长城丛书》之"文史知识"部分，又被吸纳为这项重大文化工程之一，并以《文史中国》为名，正式启动。经过近五年时间、数十位学者的倾情

投入，其第一批成果，终于以清新靓丽的面貌，呈现在广大读者的面前。

有别于以往的传统文化读物，《文史中国》的宗旨可概括为一句话：题材是传统的，眼界是当代的。因此除了科学性与可读性相统一的常规标准外，丛书从选目到撰写，更要求以一种世界性的文化视域来透析中华文化的深刻意蕴。而"中华"与"上古"深厚的学术底气与近十年来的创新精神，正是践行这一宗旨的可靠保证。

《文史中国》丛书首批共38本，分为四个系列："辉煌时代"、"世界的中国"、"文化简史"、"中华意象"。四个系列互相联系，同时又自成体系，为读者多视角多侧面地展示中华文明。

"辉煌时代"系列共10本，选择中国五千年历史上十个辉煌的时代，作横断面的介绍与分析，以显示开放心态和创新精神是中华民族发展振兴的主体精神。

"世界的中国"系列共10本，集中表现中华文化与世界各民族文化的交流与融合，以展现中华文明是人类文明的共同组成部分，强调中国与世界的开放共荣、和谐共处是中华文化的固有精神。

"文化简史"系列共10本，从中国人文化生活的各部类入手，历时性地介绍中国人知行合一的生活情趣，高尚优雅的审美理念，以及传承有序、丰富多姿的文化积累，从而为当代人的生活文化与中国文化走向世界提供启示。

"中华意象"系列共8本，选取最能够体现中华民族主体思想的、具有象征意味的意象，进行深入的解析。"龙凤""金玉"等意象早已经成为中华民族的文化符号，它们以其特有的形象和意涵，展示着中国人特有的精神世界，并丰富着全人类的文化符号。

全中国的中小学生、全世界的华人学子，是《文史中国》丛书的当然读者。我们期待着读者们在清新优美的文字和图文并茂的情境中，感受到中华民族"爱国、团结、和谐、奋斗"的伟大的民族精神，成为一个出色的中国人。

今后，无论您走到世界的哪一个地方，无论您从事哪一项职业，无论您身处顺境还是逆境，您都可以骄傲地大声说：

"是的，我是中国人！"

中华书局 上海古籍出版社

2009年7月

Mulu

目录

引 言

汉语"飞禽走兽",最早出自东汉文学天才王延寿的《鲁灵光殿赋》"飞禽走兽,因木生姿"一句,意为飞翔的禽鸟和奔跑的野兽,泛指动物。科学研究证明,自地球形成至今,地球上共计出现了大约一亿二千万种的生物,在约一千万种已知的生物中,只有一百四十万种被定名;另外约有一千万种未知的生物,以及约一亿种已经埋没于历史长河中!地球上呈现万千姿态的生命物种、无生命的光、空气和水,与我们人类共同构成了有机的生态循环系统。在漫长的人类文明活动中,人与自然物彼此关联、难分难离。飞禽走兽既是自然世界的精灵,也是人类的密切朋友,为人类提供了赖以生存的物质基础,人类的生产、生活离不开它们。正因为如此,自然界的动物,无论是家养的还是野生的,不管是陆地上跑的,水中游的,还是天上飞的,都不同程度地为人类做出过贡献。飞禽走兽的相当一部分成为很多国家和民族传统文化的重要组成部分,其文化意义不应忽视。

中国古人曾经把很多自然界的动物视为自己的祖先,形成了图腾崇拜和动物崇拜的信仰习俗。围绕着图腾崇拜和动物崇

拜，人们编织出形形色色、光怪陆离的动物故事，生发出许许多多、奇异美妙的奇闻异事。在"万物有灵"观念的支配下，受动物成精、幻化成人的信仰意识支配，民间产生了大量的"狐女"、"虎妻"、"田螺姑娘"、"天鹅处女"等等故事，无论记载于志怪、志异笔记小说，还是民间口头代代传承，受人喜爱，久传不衰。古人认为动物能变化为人，人也可以变化为动物的"灵魂不灭"观念，在某种程度上透露出人与动物平等的意识。除此之外，古人还创造了龙、凤、麒麟这些在自然界并不存在的动物形象，和自然界实有动物龟一起，构成了中国传统文化中的"四灵"，并与其他动物如鹤、鸳鸯、鱼等一起构建了传统文化的象征体系。这些建立在信仰心理基础上的动物民俗文化，至今还是我们传统文化生活中的主要内容之一，表达了世世代代的人们对美满生活的追求，对和谐婚姻爱情的渴望，对团圆富裕家庭的期盼，以及对福寿安康的祈求等等理想与愿望。

　　同时，从古代传承下来的一些对于动物的禁忌，民间信仰中许多保护动物、与动物和谐相处的内容，比如不杀生的思想，以及放生的宗教仪式等等，蕴含着中华民族特有的社会文化心理，在今天还对保护环境、建设和谐社会起着重要的作用。

　　让我们顺着叙述人与飞禽走兽间的趣事这一线索，走近、了解飞禽走兽，从侧面感受中国传统文化的深厚意蕴和无穷魅力！

【第一章】
民俗中的动物

　　动物是人类生活的有机组成部分。人类和动物共同生活在地球上，动物为人类提供了赖以生存的物质与精神资源，人类通过对动物生物属性的观察和模仿，提高了自我生活的能力，推动了文明的进程。同时，人类把动物纳入自己的丰富文化系统，从而创造出灿烂的动物民俗文化。

自然生灵

　　地球的生命史至少经历了三十多亿年。根据许多演化学、生物分类学等学科的学者推断，多数的古生菌类、原生生物类、低等无脊椎动物类及低等无维管束植物类等，在漫长的生物进化史中，以最保守的估计，至少有一亿种的生物已经绝

种。而动物的演化史，也至少经历有几亿年的历史。从肉眼看不到的原生物到庞然大物的蓝鲸，约有一百五十万种之多的大大小小的动物生存于地球上。中国由于大部分地区未受到第三纪和第四纪大陆冰川的影响，保存有大量的特有物种，是世界上拥有动物种类最多的国家之一。如大熊猫、金丝猴、华南虎、藏羚羊，褐马鸡、朱鹮，白鳍豚、扬子鳄等。

飞禽走兽顺应"物竞天择，适者生存"自然规律，在长期的进化过程中，练就了人类难以企及、无可比拟的视觉、听觉和嗅觉。汉语"鸟瞰"是常见的一个词语，是指从高处俯视地面景物的意思，这个词语反映了鸟类十分敏锐的视觉。有很多鸟类具有完善的飞翔能力和视觉能力，对紫外线、红外线等人类肉眼所看不见的光谱非常敏感，视力好得出奇。高飞的秃鹫能够看到数公里以外的死尸；游隼能够看到距离一千米以外的斑鸠；翱翔于空中的老鹰，不仅能够发现地面上的小鸡，还能突然俯冲而下把小鸡抓走；疾飞的燕子，能够迅速而准确地捕捉到昆虫；猫头鹰的眼睛

三叶虫化石

五代·黄筌《写生珍禽图》

就像是大口径、长聚焦的望远镜头；而猫的眼睛就像一架设计精巧的照相机，眼球前方的瞳孔就相当于照相机的光圈快门，可控制进入眼球光线的强弱。法国动物学家研究认为，大象能够在几十公里以外的地方听到次声波，次声波是低频音波，频率通常在二十赫兹以下，超出人类的听觉极限。兔子和其他四足动物能够通过土壤及早感知面临的危险。每当自然界发生海啸、地震和火山爆发等灾难之前，往往出现鸟惊飞、狗狂吠、兽群逃逸等种种异常现象。科学家们研究认为，动物死里逃生的本领不大可能是出自所谓的第六感，而是因为它们的听觉或体内某种感官非常灵敏。

动物的嗅觉非常灵敏，对气味的敏感程度和辨别气味的特殊能力，令人类万分惊奇。狗能嗅出二百万种不同浓度的气

味，人们利用它嗅觉灵敏的绝对优势，培养了军犬、警犬进行刑侦、缉毒、搜爆和救援，做了大量人类无法做到的工作。牛能嗅出浓度低达十万分之一的氨液，其灵敏度是人的一百倍。生活在非洲的大羚羊经常在数十万只同伴集体迁徙途中生下小羚羊，母羚羊和小羚羊就是靠辨认彼此的气味而不至于失散的。北极熊可以嗅到在三公里以外烧烤海豹脂肪发出的气味，能在几公里以外凭嗅觉准确判断猎物的位置；骆驼能在八十公里之外闻到雨水的气味；鲨鱼可以嗅出海水中百万分之一浓度的血肉腥味；海燕、暴风鹱和信天翁等海鸟，可在三公里的距离外感觉到鱼的气味。此外，许多动物用嗅迹来标明它们种群的独占领域，把自己的气味或一些分泌物散布在活动领域内，证明该地为其占有。有些兽类还把自己的粪便、尿液排泄在固定地点，或把腺体分泌物涂抹在树干上，传递寻找配偶的化学信息。

与地球上的古老生物相比较，作为万物之灵的人类进化历史，只有二三百万年时间。在人类发展的初级阶段，人类的意识中并没有把动物和自己完全分开，也没有高高在上地凌驾于动物之上，而是和飞禽走兽处于同等地位。反映在古老的神话故事中，动物和人类一起参与了轰轰烈烈的开天辟地的活动。如女娲补天时，就用大龟撑天。然而人毕竟是胜于自然界其他动物的灵长类，人的思想意识是其他动物所不能比拟的。远古先民们对于飞禽走兽的种种本领充满敬意时，也苦苦思索种种问题：鸟儿为什么在蓝天上高高飞翔，可以到它们想去的任何地方？野兽为什么跑起来就像风一样快，力量比人大得多？鱼儿为什么在大海、湖泊里游来游去，悠然自得？……先民们由此而生发种种想像，凡是想达到而又无能为力达到的，便企图借助幻想来实现。先秦典籍《山海经》中就保存了许多人兽合体、动物合体的神话，如"长臂国"的人生来长有很长的手臂，可以不费气力捕捞海中的鱼；"羽民国"的人长有翅膀，可以飞来飞去不受限制。如此等等，以己度物，以类相比，创造了一个充满神秘而又变化万千的神话世界：人与动物有血缘关系，可以互变，人可以拟物化，物可以拟人化。因而人在创造物质世界、创造自己思想文化体系的同时，赋予动物以文化属性与内涵，使动物身上具有了人文色彩和文化因素。由此，作为自然生灵的动物，进入了人们的生产生活、民俗生活之中。

中国是一个以农立国的国家，有着悠久的农耕文明。牛耕方式自春秋时代传承至今，牛因在农业生产中担任重要角色而备受人们的尊崇和善待，享有一定的地位，在道德观念上，牛成为正义美好力量的化身。牛身上所具有的吃苦耐劳、默默奉

献、忠心耿耿的品格，正是普通生产劳动者的真实写照。中国人常常以牛自喻，并以牛自励，"俯首甘为孺子牛"成了升华人性的精神象征。

马的体格高大而身体各部分又都配合得匀称优美，总是表现出强壮轻捷而又精力充沛、遒劲豪迈的气势和精神。这天地间造就的尤物，深受人们喜爱，被视为具有文明意识的生物。人类自进入农耕文明起，马就成了人类的亲密朋友，逐水草而居的游牧民族更是须臾不弃不离。我们随意翻开古人留下的文献典籍，在灿烂的文学宝库之中，随处可见歌颂马、赞颂马的优美诗文，对骏良驮骒的种种健美姿态与昂扬精神的描写，处

东汉·鎏金铜牛

清·郎世宁《郊原牧马图》

处呈现神来之笔。李贺曾一口气写成《马诗》二十三首，吴承恩着力描写过唐僧西天取经的白龙神马，拉伯雷精心刻画过巨人卡冈都亚的带传奇色彩的大牝马。如果在互联网的搜索引擎上检索关于马的成语与典故，那会有成百上千、连篇累牍的信息。如"龙马精神"、"千里马常有而伯乐不常有"、"指鹿

为马"、"塞翁失马焉知非福"等等，不胜枚举。

虎是百兽之王，威猛无比，皮毛色泽斑斓美丽，虎爪与虎牙锋利如钢，被誉为"森林的守护神"。人们常以"虎虎生威"比喻人的精神品质，希望像老虎一样凛然正义，威武不屈；又有"谈虎色变"、"老虎的屁股——摸不得"等俗语、歇后语，对虎充满敬畏之情。在民俗文化中，虎被认为是阳性之物，真诚信任虎有保护人们不受鬼祟侵扰的能耐，视老虎为降服恶鬼、驱除邪恶的守护神，于是人们就把虎画在纸上，挂在房中，还把小孩的鞋子和帽子做成虎状，用来辟邪。《山海经》记载说，桃都山上关押着众多鬼怪，它们一旦逃出来为非作歹，就被门神抓住统统让老虎吃掉。说来也怪，在民众的观念中，老虎还经常化身为人，冒充慈善外婆，吃掉真正的外婆和年幼无知的小孩，这就是有名的"虎姑婆的故事"，和西方"狼外婆"的故事如出一辙，同属一个类型的故事。

中国民间的"五毒"一般指蛇、蜈蚣、蟾蜍、蜘蛛和蝎子。它们本来是自然界的毒豸怪虫，但在许多地区被当做驱邪避害的信仰神物。滇西彝族挂在胸前或腰后的毡垫上，圆圆的白毡中央绣着一只大蜘蛛；黔东南的苗族姑娘系一条斑驳花腰带，模仿的对象是一种叫"野鸡颈"（也有人说是眼镜蛇）的毒蛇。每逢端午节，人们佩带绣有"五毒"形状的香包，或穿上绣有五毒图案的布兜，以消灾避灾，保护身心安康。

东汉·陶狗、陶羊

从民俗文化中动物的形象，可以观察出民众对动物所赋予的文化特性。人们在复杂的社会活动中，逐渐了解到人的某些性格特征与动物有许多相似之处，正如英国人类学家泰勒在其巨著《原始文化》中所说："狐狸是狡猾的化身，熊是力量的化身，驴是愚蠢固执的化身，母绵羊是诚实的化身。"所以在民间故事的动物类故事中，动物往往具有人性的特点，有着人类的社会意识和思想情感，让故事中的动物扮演人类的角色，借此曲折地反映人类的生活。如"义犬救主"、"蜈蚣报恩"、"猫狗结仇"、"八哥鸟报仇"、"感恩的动物忘恩的

人"及"人心不足蛇吞相"等等，通过人和动物在同样的背景下不同的表现，一方面透露出老百姓的一种观念，即动物和人是平等的，人应该尊重自然生灵，与动物和睦相处；另一方面对故事赋予一定的社会意义，借故事抨击丑陋罪恶，呼唤人性良知，教育人们懂得生活中的真善美与假恶丑，以培养高尚的道德情操。

先民图腾

"图腾"一词来源于美洲印第安语"Totem"，意思是"它的亲属"、"它的标记"。指一种动物、植物或自然物体，曾经使用在氏族或部落以至于后来的民族中，作为本氏族或本部落、本民族的标志与象征。对图腾崇拜，缘于原始先民的信仰。他们认为本氏族的人都源于某种特定的物种，认定某种动物与自己的祖先有亲缘关系，于是，图腾信仰便与祖先崇拜发生了联系，某种动、植物或自然物便成了这个氏族、部落或民族最古老的祖先。将"图腾"一词引进我国的，是清代学者严复，他在1903年翻译英国学者甄克思的《社会通诠》一书时，第一次把"Totem"译成"图腾"，遂成为中国学术界的公认的通用译名。

每一个民族往往都有自己的图腾符号，不同民族有不同的图腾崇拜和图腾神话的"神圣叙述"，这种原始文化现象实际上反映了远古先民对自身的来源的思考。图腾崇拜和图腾禁忌的心理，是一个相当复杂的过程。当各个不同氏族或部落在选择不同的动物（或植物）作为本氏族的图腾时，其目的有二：一是证明自己的来历，正像孩子们应该能说出自己的父亲一样，图腾是用来证明本氏族或本部落来源的，尽管这在后世的人看来多少有点荒诞不经，但是，要清晰地说明祖先来源，对于原始先民而言，是一件关乎自己名分和氏族感情的大事，丝毫不能马虎；二是各个不同的氏族或部落还没有大规模融合的时候，选择图腾、区分氏族部落以确立族外婚姻是非常重要的。在人类进化史上曾经有过血缘婚，当人类认识到这类婚姻方式有百害而无一利时，就以严格的婚姻制度摆脱血缘婚制，一般在同一氏族内不允许婚姻，约束乱伦行为，如果违反，将会受到严厉的惩罚。严格区分、界定不同的氏族或部落，事实依据就是图腾符号。

图腾崇拜的种类多种多样，或动物或植物，也有一些非生命体，在绝大多数情况下，以动物居多。据人类学者调查，在澳大利亚土著部族中有七百零四种图腾，其中非动物图腾只占五十六种。某一动物一旦被原始人类选为图腾象征物后，就被

南宋·陈容《墨龙图》

当作氏族部落甚至家族的保护神，受到极度的尊敬和膜拜。图腾崇拜首先是敬重图腾，禁杀、禁捕，甚至禁止触摸、注视，不准提图腾的名字。图腾死了要说睡着了，并按照埋葬人的方式进行安葬。人们对动物的崇拜，胜过了人本身。

中华民族共同崇奉的图腾——龙与凤，是自然界本不存在的动物。应该说，龙和凤是集中了中国古代黄河、长江流域多个氏族部落的图腾，经历了相当长的时间演变而形成的华夏民族的图腾符号。这是长期以来中国境内多个民族、多元文化融合的结果。直至今日，我们还常说自己是"龙的传人"或"龙的子孙"，这些都是图腾祖先观念的遗留物、残留物。《说文解字》云："龙，鳞虫之长，能幽能明，能大能小，能长能短，春分而登天，秋分而入渊"，神乎其神，被打上了农耕民族合乎时序规律的印记。古史传说中的炎帝、黄帝、尧、舜等，都与龙有关，历代帝王都标榜自己是龙种龙子。龙一旦被皇家所攫取和垄断，就会成为皇家的神圣象征，"龙登九五"是历代专制君主"帝命天授"的霸权话语。凤指凤凰，为传说中的鸟王。其形据《尔雅·释鸟》曰："鹠，凤。"郭璞注："鸡头，蛇颈，燕颔，龟背，鱼尾，五彩色，高六尺许"，也是一个融合众多动物形象的集合体。"有凤来仪"则多用以比喻皇宫后妃，是母仪天下的皇后娘娘的专用名词。龙和凤的形象进入普通民间生活，则会成为表达寻常人家美好祝愿的吉祥言语。"龙凤呈祥"的吉祥图案，成为婚姻幸福的象征符号。由此，龙与凤，表达了瑰

新石器时代·龙纹彩陶盘

商·玉凤

丽多姿的文化内涵，体现了古老民族生生不息的精神风貌。不仅仅是千百年来炎黄子孙的图腾，而且是民间祥瑞的征兆，美满姻缘的祝福，英才俊彦的佳誉。

动物作为图腾，受到许多民族虔诚的信仰和崇拜。

在中国东北、华南产虎的地区，民间崇拜虎和虎神已成为古老传统。信仰萨满教的北方民族中，虎是神圣动物，猎人们行猎时，通常不以虎为猎取目标，也避忌遇到虎。赫哲族中有大量关于虎的神奇传说，有的说一虎受伤（或虎掌扎有刺，或虎头被树杈夹住），得到某个男女的救助，虎神用大量猎物报恩。在赫哲族阿克滕卡部族流传的祖先起源神话中，本部族始祖是一个赫哲女子与虎成婚后所生的。因而该部族人从不怕虎，并坚信虎从不伤害本族人，也不猎取虎爱吃的动物。白族虎崇拜更具代表性，有十一支称为"虎人"的虎氏族，都禁食虎肉，认为他们的始祖为雄性白虎，虎也不会伤害他们。人们要做事、出远门时一定要选虎日，才会吉祥如意。有的人从远方回来，也一定要算准日期，只有虎日才进门槛。土家族、纳西族、哈尼族等在古代皆以虎为图腾。彝族神话史诗《梅葛》中虎是创始的大神：

虎头作天头，虎尾作地尾，虎鼻作天鼻，虎耳作天耳，左眼作太阳，右眼作月亮，虎须作阳光，虎牙作星星，虎油作云彩，虎气成雾气，虎心作天心地胆，虎肚

春秋·龙耳虎足壶

作大海，虎血作海水，大肠变大江，小肠变成河，排骨作道路，虎皮作地皮，软毛变成草，细毛作秧苗。

虎神是彝族一直崇信的图腾神。

白族鸡氏族传说自己的祖先是从金花鸡的蛋里孵化出来的，认为公鸡知吉凶，会保佑他们。在迁徙时，人们将东西装在背篓里，上面放一只公鸡。到达新迁地区后，公鸡在什么地方叫，就在什么地方安家。在他们看来，公鸡叫的地方，就是最吉利的地方。

鄂伦春人对熊特别崇拜，称公熊为"雅亚"，意为祖父，称母熊为"太帖"，意为祖母。鄂伦春人的神话讲道：一个猎人被母熊所掳，关在山洞里逼他为夫，几年后生一熊子。一日，猎人趁母熊外出觅食机会逃到江边，母熊发现后，携幼子追来。猎人不顾母熊的呼喊，跳上木筏逃脱。母熊在盛怒之下，将熊子撕为两半，一半投向猎人，后来成了鄂伦春人的祖先；一半留给了自己，仍是熊。鄂温克人同样崇拜熊，称公熊为"和克"（祖父），母熊为"恶我"（祖母）。如果猎得熊，只能说它睡着了；吃熊肉前要发出乌鸦般的叫声，意思是说是乌鸦吃了熊肉，不能怪罪鄂温克人；禁吃心、脑、肺、食道等部位，因为这些都是灵魂的居所；吃后的骨骸要进行风葬，用树条捆好放在木架上，如同葬人一般隆重。

　　傈僳族认为他们的祖先是女猎神"花兹玛"。"花兹玛",意为掌握猎物的女人。神话中讲道:花兹玛的脊背是孔雀与山鹜的羽毛,肚脐下面是黄鹂和花鹦鹉的羽毛,全身裸露,头发乌黑,说话像鸟叫,使用短梭镖,动作快如旋风,一下就能击中虎身。一天,她在山上偶尔与逃亡的牧奴阿盖相遇,他们在山洞结合了,生活得很愉快。他们打野兽,找鸟蛋,时间长了能听懂对方唱的歌。女猎人教会阿盖打熊、野猪、老虎等等,给阿盖穿上羽毛衣。后来他们生了个儿子,取名"曲盖咕",儿子另立为鸟氏族,奉自己的母亲女猎人为祖,并刻了她的雕像,当作神物代代相传。据说傈僳人打猎的几种方法,如绊扣、鸟扣子、捕虎陷阱、捕猴竹笼等都是由花兹玛传下来的。

　　因为青蛙是捕捉害虫、保护

三国·青釉蛙形水盂

禾苗的益虫，所以蛙神崇拜在民间较为广泛。远古先民把青蛙当做一种先知先觉、有极度繁殖能力、能给人传递准确风雨信息的神灵之物而大加膜拜。每到春季，青蛙复苏鸣叫，意味着插秧播种的季节来临；青蛙的鸣叫声与风雨欲来有关，民间就有"青蛙叫，暴雨到"、"蚂拐哇哇叫，大雨就要到"的经验与知识传承。壮族非常崇敬青蛙，不准杀蛙、吃蛙，甚至不准小孩乱捉。老人在田间遇到它，都要小心地绕道而行。传说青蛙是天帝派到人间专事桑稼的农神，但一农人把夜间欢叫扰眠的青蛙全部毒死，造成当年大旱、农事歉收而无以聊生的惨状。后来，天帝说明原由，命令人们把死去的青蛙一一找回，日夜祭拜，并以最隆重的仪式逐个埋葬，以赎罪过，求得来年风调雨顺。此事年年沿袭，成为后世的"蛙婆节"。每年正月期间，广西东兰壮族以村寨为单位，自发举办隆重的"蛙婆节"，以祈求新年风调雨顺、人寿年丰、六畜兴旺。届时人们锣鼓喧天在田间"寻蛙婆"；蛙婆找见后经一番祷颂后装入金黄色竹筒灵棺内，人们抬着"蛙婆棺"挨家挨户临门赐福，之后把蛙婆置于祭蛙亭，全寨男女老少聚此"守灵"，谓之"祭蛙婆"。最后选一块宝地，择吉日良辰"葬蛙婆"。尔后人们打铜鼓，唱山歌，载歌载舞，直至通宵达旦。

纳西族视牛为创世神兽，将其作为神圣物来做祭祀天地山川的牺牲供品。《东巴经·创世纪》中记述了神牛开天辟地的壮举：由大海巨卵中孵出的神牛，角顶破天，蹄踏破地，造成天摇地动，被始祖开天七兄弟和开地七姊妹杀死，用牛头祭天，牛皮祭地，牛肉祭泥土，牛骨祭石头，牛肋祭山岳，血祭江河，肺祭太阳，肝祭月亮，肠祭道路，尾祭树木，毛祭花

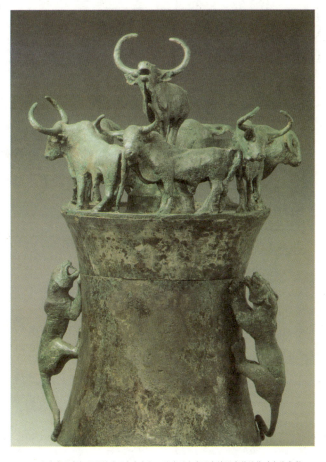

汉·七牛虎耳青铜贮贝器（云南出土），反映了古代西南地区少数民族对牛的崇拜

草。于是，有了日月星辰，有了万物生长的清净世界。

满族认为鸟是自己的祖先。《满族实录》中说，满族起源于长白山的东北布库伦哩山下。一天，有三位仙女来洗澡，最小的仙女叫佛库伦。她们洗完澡后上了岸，有一只神鹊衔着一个红果子放在佛库伦的衣服上，颜色很是好看。佛库伦爱不释手，放在嘴里。果子一下子滑进肚子里，佛库伦就怀孕了，后来生下了满族的祖先。

许多民族崇拜狗，这与狗在生产生活中所起的重要作用有关。《后汉

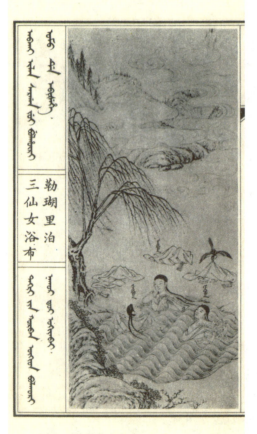

《满洲实录》之"三仙女浴布勒瑚里泊"图，其中的佛库伦因吞食神鹊所衔朱果而受孕

书·南蛮传》记述了古代瑶族始祖神话，即神犬盘瓠助帝喾高辛氏杀吴将军得天下，高辛氏之少公主嫁给盘瓠，繁衍瑶族子孙的故事。作为种族起源神话的主角或救世神犬，盘瓠一直被今天湖南、广西、广东的瑶族及其支系尊奉为氏族祖先，并被敬称为"盘王"。还写入族谱，供于神庙，年年致祭，岁岁还愿。每逢农历十月十六日为盘王节，瑶族举行隆重祭祀典礼，传唱《盘王歌》，讲述盘王来历，让后人牢记。满族自狩猎时代开始就崇拜狗，把狗看作是有恩于本族的动物，又有义犬搭救努尔哈赤的神奇传说，至今不吃狗肉，不戴狗皮帽子。

藏族的图腾当属猕猴。猕猴演变为人的神话故事，在藏区广为流传，并且记载于多部藏文史籍中。《吐蕃王统世袭明鉴》这样讲道：

有一只受观音菩萨点化的猕猴，来到雪域高原雅砻河谷的岩洞中修行。却被一罗刹女纠缠，苦苦哀求想要结为夫妻。猕猴便到普陀山找观世音菩萨，征得同意后与罗刹女结成伴侣，生下六只小猴，送他们到水果丰盛的地方。三年后父猴前去探视，猴崽们增至数百，果实已吃完，群猴嗷嗷。父猴再往观音处求救，观音从须弥山的缝隙取来青稞、小麦、豆子和荞麦等撒到大地上，长出不种自收的五谷。猴子们饱食五谷，身上的毛发渐渐脱落，尾巴慢慢变短，以树叶

为衣，开始说话，逐渐变成了人。

藏族对自己是猕猴与罗刹女后代的说法深信不疑，在西藏山南至今保留有贡保山山上的猕猴洞、由猕猴向人转变时下种青稞的第一块土地。此类神话代代广为流传，受到藏区僧俗民众的喜爱，还以壁画的方式绘在拉萨的布达拉宫。

世界上许多民族或国家都以某种动物作为标志或象征。德国以独首鹰为国家象征；美国独立后采用美洲产的鹰，形状与罗马鹰有所不同；俄国采用双首鹰，表示是东罗马帝国的继承者，另一非正式的象征兽是熊；法国的象征兽为雄鸡；丹麦以象作徽记；波斯的国徽为猫；埃及的象征物是鳄鱼；加拿大的标志是海獭；澳大利亚则为袋鼠等。这些国家民族的徽记大多与图腾崇拜有关。

图腾崇拜是原始文化的重要内容之一，和生殖崇拜、祖先崇拜之间有着复杂的联系。虽然生殖崇拜和祖先崇拜不是构成图腾崇拜的全部，但是图腾崇拜有可能建立在生殖崇拜和祖先崇拜的基础之上。在动植物神灵和图腾身上，既有与人十分相近甚至相同的特点，又有与人所不同的特点，物我合一，物我相融。因此，对于图腾和图腾崇拜文化现象的研究，是揭开人类原始社会文化神秘面纱的一把钥匙。

万千精灵

在人与动物的密切关系中，人们通过狩猎动物、驯养动物，对动物进行了解观察，认为动物和人类一样，有感情，有喜好。在动物身上，既有人的特点，更具有人类所没有的神性，使人对它们既亲近又敬畏，由于无法完全解释其神秘的一面，从而形成了对动物的崇拜心理。这种崇拜心理一直被民众顽强地传承下来，直到现在，在民间还有对一些动物的祭祀、崇拜的活动。在"万物有灵"观念的支配和影响下，人们认为动物能够变形，可以变为人说话，也可以变幻成各种各样的形象，是人们心目中的精灵。

在民众口头流传的大量精怪故事中，鸟兽鱼虫乃至山石草木，皆有灵性，变化多端，成精为怪。精怪故事的创造，以及由此而产生的民间信仰，早在先秦两汉间就已广泛存在。街谈巷议的"小说家言"中，所谓"百岁鼠化为神"，"千岁之龟能为人语"，"狐五十岁能变化为妇人"，"万物之老者，其精悉能假托人形"等等不绝如缕。可以看出，在民俗信仰和口头文学中，各种各样的动物虽然保持着自身的生理特性，但更明显的是被人们赋予了超自然的灵性，具有人类的感情、思维和爱好。就此问题，已故民俗学家张紫晨指出："劳动人民在

现实与幻想的交织中既概括了动物的习性，又注入了人的思想。这种拟人化的结果，就使这些故事中的动物形象呈现出复杂的状态。那就是它既是动物，又不是动物；既不是人，又是人。它是人和动物的统一，是现实和幻想的统一。"动物精灵一方面来自于先民们的动物崇拜和图腾崇拜，另一方面体现了民族心理和民族价值观。

在民间信仰和民间故事中，最能体现出动物精灵的神性与特点的，是人和动物的形体可以互相变化。老鼠嫁女，青蛙结亲，菜瓜蛇娶妻，田螺、天鹅化女；人变为双飞的蝴蝶、戏水的鸳鸯、洁白的银鱼等等，非实即幻，故事内容生动感人，情节曲折离奇。由动物精灵和人类演绎的故事，大大丰富了中国民间文化的内容。

俗语"老鼠过街，人人喊打"，表明人们普遍对老鼠的憎恶。然而，远古时代的不少氏族部落却认为自己的始祖是老鼠，并为自己是老鼠的后代而倍感自豪。在民俗活动中，人们敬鼠、祭鼠，并禳鼠、送鼠，在重要仪式或节日庆典期间，隆祀厚祭，祈求鼠祖先的保护。流传于四川的"老鼠嫁女"故事，讲述仙人从鹰爪下救出一小鼠，用法术把它变成女孩。女孩长大后，仙人要为其找一有权有势之夫，先后召来太阳、乌云、大风、喜马拉雅山、山鼠，最后选取了最强的山鼠为女婿，送入洞房。流传于河南等地的"老鼠嫁女"的故事，主要讲一老汉搭救一老鼠精，认老鼠精做女儿。农历正月十七是老鼠女儿出嫁的日子，老人包了一顿饺子让女儿吃，然后高高兴兴地送女儿上轿。由于

明·朱瞻基《瓜鼠图》

得到老鼠女儿的关照，老人粮食满仓，没有鼠害。以后人们也学老人的样子，在正月十七那天，吃饺子，息灯早歇，唯恐惊扰老鼠喜事。河南、河北、山西等地都有正月十七祭老鼠的民俗活动，俗传老鼠娶亲"初七娶，十七嫁，二十七添娃娃"。在嫁鼠日，用糖果花生、米饭面团、麦粒豆子等放在鼠洞口，全家人早早就寝，不点灯，不喧哗，妇女不动针线。

鸽子是和平的使者，在基督教文化中被视为神圣精灵。传说耶稣在约旦受洗的时候，就有一只鸽子停在他的身上。因而圣灵的七件礼物：智慧、领悟、审慎、坚韧、知识、虔诚、敬畏天主，由七只鸽子代表。鸽子最独特的象征意义在于表达人

间的和平愿望。《旧约全书》记诺亚方舟漂泊一年有余，诺亚放鸽子出去，一整天后回来，嘴里衔回一支新鲜橄榄枝，于是方舟上的诺亚一家得知附近有陆地的信息。从这个故事中生发出"和平鸽"、"橄榄枝"的和平的意象，鸽子成了和平的象征。在希腊，鸽子作为最神圣的礼物献给爱神。在中国，鸽子是人们心中理想的信使，也是思亲人、恋故乡的象征。

在中国各地流传的民间故事里，有一类是讲述各种各样动物精灵变化为年轻漂亮、温柔贤惠和勤劳能干女性的故事，如天鹅处女、狐女、鹿姑娘、虎妻、兔精姑娘、螺女、獭精女、鱼精姑娘等。在这些动物精灵的身上，闪耀着浪漫主义的奇光异彩，同时又表现出女性对美好生活的追求和美满婚姻的憧憬。《白蛇传》就是其中之一：千年蛇精化为温柔多情而善良的白娘子，清明节游西湖遇到凡夫俗子许仙，结为夫妻，历经生离死别，冲破法海和尚的重重阻挠，全

三国吴·陶鸽

家终得团圆。这个故事经过千百年来民众口头流传、加工和再创作，家喻户晓，老少喜听。另一类是动物精灵幻化为英俊青年，与凡间女子神奇结合的故事，这类故事的代表作品有《青蛙丈夫》和《蛇郎故事》，广泛流传在我国二十余个民族当中，向来脍炙人口。前者说一对老夫妻久久祈祷上苍赐予一男半女，却生下一个体形丑陋的青蛙，但青蛙儿子有人的思想情感和超人的本领，帮助父母做事，用哭、笑、跳等方式威慑对手，解答难题，从而娶到善良美丽的妻子。当自己由蛙变成人的秘密被妻子发现烧掉蛙皮后，青蛙丈夫或生或死，或离或留。后者则讲述蛇精幻化为有情有意的男子，与三姐妹（或七姐妹）中的小妹妹结成幸福姻缘，却遭到姐姐的妒忌而害死小妹，小妹精魂先后化成鹦鹉、树、凳子（或其他物品）来揭露真相，随后复活，夫妻最终团圆，姐姐丑行败露，或被蛇郎撵走，或羞愧自尽。将动物精灵与男女婚姻联系起来，既是一种民间故事浪漫主义的精神表达，又是中华民族古已有之的观念和独有的民俗信仰。

　　总而言之，无论是自然界中实有的动物，还是古人所创造出来的想像动物，林林总总，形形色色，动物精灵既是氏族部落的图腾，又是民俗文化中的吉祥物，同时又被赋予人类的感情和思想，体现了中国人自古以来与动物和睦相处、休戚与共的观念。而在这些动物精灵身上所传承的民俗文化，充分展示

了中国文化特有的生态价值追求和伦理观念范式。

人类朋友

人类是从自然界中分化出来的，在人类发展的初期，并不是把自己和动物对立起来，而是把动物看作是和自己一样的成员，人和动物的关系如同人与人的关系一样亲密不可分。由于动物是世界有灵性的生物，人们在崇拜日月星辰、山川万物的同时，同样崇拜动物。在先民们创造的神话里，无论是创世神话、族源神话还是文化神话，无一例外把动物和人类并列起来，共同参与创造了宇宙世界、时间空间以及人类文明。神话是远古先民们的神圣叙述，对自然宇宙、万物起源、人类由来进行了种种自以为是的解释，可以看出人类对于动物朋友的审视和认知。

蒙古族说书艺人讲道：世界是由释迦牟尼、格斯尔莫日根汗、黄君老祖三位神共同创造的。传说用来创造世界的泥藏在水底金龟的身下，释迦牟尼命黄君老祖潜入水底捞泥。黄君老祖是一条扁嘴虫，它潜入水中，从熟睡的金龟身下偷偷地抓起一把泥就游到水面上。金龟发现泥土被盗，非常生气，追赶上来。这时，释迦牟尼命令格斯尔莫日根汗射死了金龟，并把黄君老祖交给他的泥土撒在金龟身上创造了世界。被格斯尔莫日根汗射死的金龟化生成为构成世界的五个元素。

讲述人类使用火的来源、谷种来源的神话，动物的帮助必不可少。佤族神话《司岗里》讲人们最初向天求火的时候，先派出猫头鹰取火，猫头鹰没有完成任务。后又派萤火虫去，萤火虫取来了火种，但并不知道取火的方法。最后人们又派蚱蜢上天，蚱蜢终于学来了摩擦取火的办法。又说很早的时候，地上没有谷物，人们向慕依吉神索要谷种。慕依吉神把谷种放在水里，让人和动物去拿。长嘴大鸟神去拿，拿不起来；老鹰神去拿，也拿不起来；叫来水牛神、黄牛神、马鹿神、马神、骡神、熊神、麋神、猪神、野猪神、狗神去拿，都没有拿起来；鸟神、猴神、黑猴神、蚂蚁神、小蚂蚁神、树神、山神、小竹神来拿，也没有办法拿起来。最后叫蛇来拿，蛇将尾巴插入水中卷起谷种，因此大地上才有了谷种。

文化史研究认为，人类最先驯养的家畜是狗。被驯养的狗，是人们亲密的伙伴，是狩猎和看家护院的好帮手，获得与主人一道享受吃喝的待遇。青藏高原上的人们在讲到粮食种子起源时，大加歌颂狗的功劳。《青稞种子的来历》讲道：

　　古代有个叫阿初的王子，聪明、勇敢而善良，为了让大家都吃上粮食，决心到蛇王那里去讨青稞种子。他带上二十个武士骑上骏马，不畏艰险，翻山越岭，渡江过河。途中所

有的武士都被猛兽吃掉或被野人杀害了，最后只剩下阿初一
个人。但是他毫不畏缩，继续前进。后来在山神的帮助下，
终于从蛇王那里盗取了青稞种子，可是不幸被吝啬又凶狠的
蛇王发现了。蛇王就罚阿初变成一只狗，并下咒说只有当他
得到一个姑娘的爱情时，才能恢复人形。后来阿初果然获得
了土司姑娘的爱情，恢复了人形。由于他们的辛勤播种和耕
作，几千里大地长满了青稞。人们从此吃上了用青稞面做成
的香喷喷的糌粑。因为人们当初只看见一条黄毛狗撒下种

明·宣宗朱瞻基《萱花双犬图》

32

赤峰百岔岩画"鹿影图"

子，长出了黄金一样的粮食，便以为是神派狗送来了青稞种子，为了感谢狗的恩德，人们在每年收完青稞，吃新面做的糌粑时，总要先捏一团给狗吃，这一风俗至今在民间传承。

类似神话还有水族的《谷种》、苗族的《派狗去天上取粮种》、侗族的《谷种的来源》等，都是讲谷种与狗有关。

人与动物的密切关系，不仅在神话中"神圣叙述"，而且在原始宗教中亦大加传颂。萨满教认为，在上界辅助神的动物常常有熊、狼、虎、猞猁、驼鹿、马鹿、鹿以及鸟类中的鹰、

雕、鹅、天鹅、鸭、布谷鸟、啄木鸟等。归为下界萨满助手的
是则是猛犸、蛇、青蛙、蜥蜴、鱼等。萨满教中的灵魂观念根
深蒂固，认为人在睡眠时、走神时、患病时或在萨满昏迷时，
灵魂可以自觉或不自觉地出入肉体。四处游荡的灵魂常变的小
动物有蜜蜂、蝴蝶、苍蝇、小蛇、蚂蚁、蜘蛛、蜈蚣等。而由
小动物的游魂可以窥探隐情，探听秘密，能够制造疾病，也能
治病救人。如有些信仰萨满教的民族认为，人虽然已死，但人
的灵魂不灭，灵魂会变成苍蝇或小鸟；有的民族则将飞蛾视为
人的灵魂，偶然看见一种褐色的蛾子围着灯火飞旋，则认为是
亡故亲人的灵魂托体于飞蛾出现，于是便为已故亲人做祈祷。

　　人和动物互相变形、人与动物互为助手的民间故事，是民
间文学常见的题材，和神话中所蕴含的民俗信仰一脉相承。至
于大量的动物报恩故事，叙述了一系列动物精灵对人的友善、
以恩报德，反映出人与自然万物和善相处的事实。

　　六朝志怪笔记《幽明录》中有不少关于人与动物友好相
处，互相救助的动物故事。如《蝼蛄报恩》：

　　　　晋庐陵太守庞企因事被冤枉关进监狱，看见身边有一只
　　蝼蛄，自言自语说："倘若你是神灵，能使我不死，那该多
　　好。"就喂饭给蝼蛄吃，蝼蛄吃完走了。不久，这只蝼蛄又
　　来，体型变大了，庞企又喂它吃的东西，数日后蝼蛄变得跟

一只小猪一样大。临行刑之日，蝼蛄在墙角挖了一个大洞，庞企从洞中逃了出去。

此类故事在民间一直流传，有关王莽追刘秀的故事中，就有这样的情节：

传说刘秀被王莽军队追得无处可逃，正好遇见了一个种地的老头，那老头见刘秀破衣烂衫，心生怜悯，一心想搭救。可地刚开冻，没有绿树，也没有禾苗，老头着急向后一退，一屁股蹲在垄沟上，眉头一展说："逃难的，你看躺在这里咋样？"刘秀到了这节骨眼上，有条缝也得钻呀，就一横躺进垄沟

刘秀像（清人绘）

里。老头顺势翻犁，黄土把刘秀严严实实埋住了。王莽领着军队来到地头，不见刘秀，大声喝问逃人去向，老头佯装不知。追兵过后，刘秀从垄沟里爬出来，回头看见他藏头的地方爬着好多蝼蛄，十分生气地骂连这些小虫子也欺负他，那老头说："要没有蝼蛄给你打气孔，你即使躲过追兵，也早在土里憋死了。"

"得道多助，失道寡助"的力量有多么强大，甚至连小小的虫豸都来帮助，可见，凡是合乎正义，就能得到多方面的支持与帮助，最后取得胜利，而违背正义的就会陷入孤立无援的境地，终究会遭到失败。

比较奇特且数量较多的动物故事，有"义虎故事"类，或讲老虎崇尚道义，在危难时刻救人；或讲老虎受人恩德，受恩图报、有情有义。虎遭遇到危险向人求助，得到人的帮助后，以投送食物、赡养老人、代寻妻室、救人于囹圄等方式来报答；或讲老虎深明大义，知罪伏法，敢于承担责任。流传于吉林的《三十八万老虎闹县衙》，讲的是一个叫虎子的小伙子一次帮助了老虎，老虎给虎子背回了个媳妇，县官垂涎虎子媳妇的美丽，派人把虎子和他媳妇抓进大牢里。老虎知道后，带着一大群老虎涌进城中大闹县衙：

　　吓得大衙役来到大堂前跪下禀报："老爷，东门进来老虎八万只。"二衙役进门告急："老爷，南门进来老虎九万。"三衙役在门外就喊："老爷，西门进来老虎十万。"四衙役跑到院子当中喊："老爷，北门进来老虎十一万。"总共进来老虎三十八万只。县官吓得面如蜡坨，哆嗦着说："近日连降大雪，老虎下山寻食，赶快杀猪宰羊，老虎得到吃的，就会归山了。"谁知一连闹了三天，城里的猪羊吃光了，鸡鸭吃尽了，老虎还是不走。

　　这件事被关在牢里的虎子知道了，料定老虎是救自己来的，便对狱卒说："请禀告县太爷，把我和妻子放回家去，那些老虎就会回山了；要是不肯，老虎会闯进县衙来，吃了你们的县太爷。"狱卒如实地报告给了县太爷，这个色迷心窍的县太爷，一个不准百个不应。就在这时，有衙役跑来禀告："老爷，大事不好了，老虎已闯进县衙了。"县官抬起头一看，无数老虎已经闯到院心，张着血盆大口，奔大堂来了。吓得县官两眼一翻，没等老虎吃他，自己就一命呜呼了。

　　衙役们见县官死了，连忙把虎子和他媳妇放了出来，敲锣打鼓送他们回家。那成群结队的老虎，也就顺顺溜溜地跟着出了县衙，从此再也没人欺负虎子了。

　　当威猛的老虎进入人间世俗故事时，虎的形象趋于壮美，也增添了一份文化关照。虎在中国文化史上，既是图腾崇拜的神灵，也是民俗的吉祥物，更与传统文化中的"忠、孝、义"理念相结合，凸显出文化价值与审美伦理。除了"义虎型"故事外，在民间还流传着"义犬救主"的故事。

　　在"感恩的动物忘恩的人"的故事中，将动物知恩必报的品质与忘恩负义者的恩将仇报作了鲜明比较，突出动物"滴水之恩，当以涌泉相报"的震撼精神，同时鞭挞了为了自己贪欲而置朋友于险境的人性卑劣一面。流传于西北的《蚂蚁虫拉倒泰山》就讲了这样一个故事：

　　　从前，一家人养了三个儿子。小儿子叫三旦，入学念书时救活了一只折腿的癞蛤蟆，将它放在土窑里喂养，蛤蟆长到箩筐大时，将自己鳃边的两个蛋送给他，并叮嘱两个蛋一真一假，不管啥东西死了，用真蛋一挨就活，万样的虫能救，唯有黑头虫（人）不能救。三旦救活了一条蛇、一只老鼠和几只蚂蚁，也救活了一个人。被救活的那个人却将他推进地下深洞，拿上宝蛋进贡给皇上当了宰相。三旦后来被诬陷入狱，老鼠送食物给他吃，并从结拜兄弟手中用假蛋换回真蛋；蛇咬了皇姑一口，又教给三旦治蛇咬的方子；蚂蚁把搅和在一起的谷子和胡麻分开，还集聚一起把京城外十里的

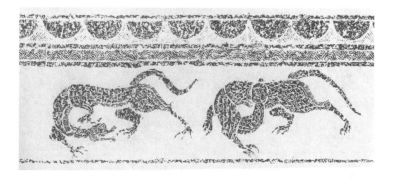

神兽图（汉画像石）

泰山拉倒。最后，皇帝知道了真相，三旦当上了进宝状元和驸马，忘恩负义者被斩首示众。

简言之，动物民俗文化体现了自然生态环境中，人与自然、人与动物和谐相处、互相依存的亲密关系。如今是大工业时代和后现代时期，人类对自然的大肆掠夺而造成动物面临灭绝与生态危机的严酷后果，应该深刻反思，我们人类与动物关系不是尖锐对立的，而是和谐的。我们应营造动物是人类亲密朋友的人文精神，使我们生存的家园更加充满生机，更加美好！

清·丁观鹏《乾隆帝洗象图》

第二章

最祥瑞的动物

福寿安康、爱情美满、家庭团圆……是从古至今人们的共同愿望，在动物崇拜、动物信仰等基础上，很多的动物如龟、鹤、鸳鸯、鱼等，逐渐被赋予了吉祥美好的涵义，同时，古人还创造了龙、凤、麒麟等自然界中并不存在的动物形象，共同构成了中华传统吉祥文化的意象符号，从而大大丰富了我们传统文化生活的内容。

龙凤呈祥

"龙凤呈祥"出自秦末儒生孔鲋《孔丛子·记问》"天子布德，将致太平，则麟凤龟龙先为之呈祥"一句，指人间吉庆之事。龙、凤并不存在于现实世界中，而是被古人们创造出来，显现于中国传统文化中。龙是一种世间所没有的神性动

物，长身、大口、大多有角和足，喜水善变、好飞通天、灵异兆瑞；凤是一种头似锦鸡，身如鸳鸯，有大鹏的翅膀、仙鹤的腿、鹦鹉的嘴、孔雀尾的飞禽，极有灵性，亦具有神性，喜火向阳、秉德崇高、兆瑞尚洁、示美喻情。古人认为时逢太平盛世，便有凤凰飞来。龙与凤因神性互补和对应走到一起：一个是众兽之君，一个是百鸟之王；一个变化飞腾而呈灵异，一个高雅美善而现祥瑞。"龙飞凤舞"、"龙凤呈祥"，两者之间的优势与美好建立起互助合作关系。在中国传统的吉祥图案布局中，龙、凤各居一半，龙是升龙，张口旋身，回首望凤；凤是翔凤，展翅翘尾，举目眺龙，四周缀以朵朵祥云，呈现祥和瑞气。

龙与凤相配合、相对应的起初文化意义在于"民族发祥和文化肇端"。闻一多指出："就最早的意义说，龙与凤代表着我们古代民族

明·龙凤呈祥纹鎏金铜镜

中最基本的两个单元——夏民族和殷民族，因为在'鲧死……化为黄龙，是用出禹'和'天命玄鸟（即凤），降而生商'两个神话中，人们依稀看出，龙是原始夏人的图腾，凤是原始殷人的图腾（我说原始夏人和原始殷人，因为历史上夏殷两个朝代，已经离开图腾文化时期很远，而所谓图腾者，乃是远在夏代和殷代以前的夏人和殷人的一种制度兼信仰），因之把龙凤当作我们民族发祥和文化肇端可说是再恰当没有了。"

此处所说"鲧死……化为黄龙，是用出禹"是指鲧、禹父子二代前赴后继、治理洪水的神话故事，颇有几分英雄悲壮之感：

相传鲧为天帝的长子（一说是黄帝之孙）。他多才多艺，教人除草垦地，播种谷物，制作耒耜，驯服牛羊，兴建城郭。并有刚正、果断的秉性。当时天降大雨，连续多年，洪水滔滔，只有昆仑山等大山浮于水上，民无活路。天帝选派神去治理，群神一致推荐鲧。龟衔鸱尾，作堤防状，向鲧示意。鲧遂大筑堤防，堵塞洪水；又筑城郭，保护人们。但历经九年，未能成功。他知道天帝有息壤，能够自长不已，便偷窃息壤去填堵洪水。天帝大怒，派火神祝融将他杀死，弃于羽山。一位巫师十分同情并保持其尸体不腐，三年后用刀剖开其腹，生出黄龙，即禹。鲧亦复活，化为黄熊，投入

羽渊，成为羽渊之神，经常乘着虬龙，四处巡游。羽渊之水四季长清，牛羊不敢饮水；渊畔多柳树，鸟兽不敢践踏。

从这个神话来看，鲧、禹父子都是心地善良、甘冒危险而不惜生命以拯救百姓的英雄，反映了在生产力极端低下的古代，人们治理洪水艰苦卓绝的过程，以及所表现出来的那种执着信念和前仆后继、不屈不挠的敬业精神。文中所说的"天生玄鸟，降而生商"，是《诗经·商颂》中殷商后代歌颂他们祖先的一句诗。所谓玄鸟即是凤鸟，意思是说因为天上的神凤降临了，殷商的祖先诞生了，所以商民子孙怀着无限敬佩之情代代歌颂凤鸟。

历史上最早有关龙凤配合、对应的，当属孔子与老子之间的交游趣事。一则故事说：孔子专程赴洛邑拜见老子回来后，三天不曾讲话，弟子们询问缘由，孔子喟然说：我竟然见到了龙！此龙"合而成体，散而成章，乘云气而翔乎阴阳"，竟使自己"口张而不能合，舌举而不能讯"。孔子佩服地称老子为龙。另一则故事说：老子见孔子带着五位弟子在前面走，就问前边都是谁？有人回答说：子路勇敢力气大，子贡有智谋，曾子孝顺父母，颜回注重仁义，子张有武功。老子听后感叹道：我听说南方有鸟，其名为凤，"凤鸟之文，戴圣婴仁，右智左贤"。老子敬重地将孔子比为凤。

老子与孔子，都是后人所推崇的古圣先贤。孔子把老子比作龙，取龙升天潜渊、灵异善变之神性，喻老子举止自如的神采，纵横天地而不拘谨的思辨才能；老子用凤比孔子，取凤的嘉仁亲德神性，比孔子的智善和悦品格，仁爱为本、律己惠人的圣德。他们双方之间是心服口服的赞叹，彼此都在敬重仰慕对方的才学与品格，而非阿谀之词，堪称龙凤之喻的千古佳话。

有人认为龙凤合璧的图像起源于新石器时代，流变于商周时期，最终定型于东周时期。然而，从最初的形态来看，龙和凤的形象有不同的渊源。

许多学者认为，龙的形态最初为蛇，是蛇图腾崇拜的产物。关于龙图腾的形成，闻一多提出"图腾合并说"，在其著名的《伏羲考》一文中认为：龙是"是一种图腾(Totem)，并且是只存在于

新石器时代·龙纹彩陶瓶

图腾中而不存在于生物界中的一种虚拟的生物，因为它是由许多不同的图腾糅合成的一种综合体……龙图腾，不拘它局部的像马也好，像狗也好，或像鱼、像鸟、像鹿都好，它的主干部分和基本形态却是蛇。这表明在当初那众图腾单位林立的时代，内中以蛇图腾最为强大，众图腾的合并与融化，便是这蛇图腾兼并与同化了许多弱小单体的结果"。这一看法在学术界影响很大，许多学者对此认同。认为：上古之时，在黄河中游地区有一个以蛇为图腾的氏族部落——黄帝部落，其后裔在不断征服融合其他一些氏族部落中逐渐强大起来，建立了中国第一个国家政权即夏朝。在这个过程中，以蛇为图腾的氏族部落主体把其他氏族的图腾融入自己的图腾中，这样龙的形象就表现为以蛇为主体，加以马、狗、鱼、鸟、鹿等动物形象而定型。

其实，龙的复合形象，早在原始社会的艺术与宗教活动中就已出现，这在近年来的考古发掘中可以得到证明。如辽宁阜新的一处距今约八千年的红山文化中，出土了"龙形堆塑"，龙全身长近二十米，宽约二米，扬首张口，弯腰弓背，尾部若隐若现，由大小均等的红褐色石块堆塑而成，这条石龙是我国迄今为止发现的年代最早、形体最大的龙。内蒙古敖汉旗出土了距今约八千年的龙纹陶器，陕西宝鸡北首岭出土了距今七千年的龙纹彩陶细颈瓶，河南濮阳出土了距今六千年的龙纹蚌塑。辽河流域还发现了两件龙形玉，一件是由墨绿色玉雕磨而成，吻上翘，鼻端截平，额及颏部皆刻细密的方格网状纹，端面近椭圆形，高二十六厘米，全身细长，呈弯曲的C字型，属红山文化玉器，时代距今五千年。另一件龙形玉亦属红山文化，时代比第一条龙略早，造型与前者基本一致，所不同的是，它的鼻端不是一个平面，鼻孔也不是圆的，而是两条短线。这些举不胜举的出土器物表明，在我们祖先的生活中，对龙形象的刻意塑造，对龙崇拜的心理与行为，占有很重要的地位。龙是超自然的神灵，种类繁多，有鳞为蛟龙，有翅为应龙；长角的为虬龙，无角的为螭龙，未飞天上的为蟠龙。又传黄金千岁生黄龙，青金千岁生青龙，赤金千岁生赤龙，白金千岁生白龙。

　　龙在形成过程中，复合有多种动物的形象，并被赋予喜水、好飞、通天、善变、灵异、瑞兆等神性。喜水的神性，胜任行云布雨、司水理水的神职；好飞的神性，自然成为神仙、圣杰乃至帝王的乘御工具。在古人的心目中，龙具备了善变的神性：在天可以是云、是电、是虹，在地可以是猪、是马、是牛，在水中可以是鱼、是鳄、是蛇。换句话说，天上的云、电、虹，地上的猪、马、牛，水中的鱼、鳄、蛇，等等，都可以是龙的变体和化身。好飞必然通天，出没在浩渺无垠的昊天

云气中，也就免不了出现"灵光"、"灵通"、"灵妙"、"灵验"等征兆，成为古人心目中的灵性动物之一。

凤，又叫不死鸟、火之鸟、长生鸟、火烈鸟。雄的叫凤，雌的则叫凰，传说历五百年火浴而再生，是百鸟之王。实际上凤鸟不存在于自然界，仍是一个复合的图腾符号。在今天山东、辽宁等地，曾经活动过以鸟为图腾的氏族——东夷族，其后裔建立了殷商政权。凤的形象，则是殷商先民在自己鸟图腾的基础上，融合当时多个不同氏族崇拜物，集大美于一身而成。之所以成为百鸟之王，是因为被人们赋予了居安思危与悲悯情怀。

传说很早以前，鸟类无忧无虑地生活在大森林中，其中一只不受群鸟注目的叫做凤凰的小鸟，从早到晚忙碌着采集各种果实，还把别的鸟扔掉的食物一起收藏在山洞里。喜鹊讥笑它是"财迷精"，乌鸦讽刺它是"小傻瓜"。但凤凰并不在意和生气，依旧操持如故。后来，天下大旱，鸟类依靠的森林几乎枯萎，因找不到食物而气息奄奄。危难之际，凤凰把自己多年积存的食物慷慨分发给大家。百鸟为感激凤凰的救命之恩，都从自己身上选了一根最漂亮的羽毛，做成一件五光十色、绚丽耀眼的"百鸟衣"，献给了凤凰。从此，凤凰成了最美丽的鸟，并被推选为百鸟之王。每年凤凰生日，百鸟都要飞去朝凤。

南朝·凤凰画像砖

凤凰从此成为世上美好崇高、吉祥喜气的象征。凤鸟的神性与灵性极高，有着"非梧桐不栖，非竹实不食"，"不食生虫，不履生草……其饮食也，必自歌舞，音如笙箫"的圣洁与高贵，代表着和美、和谐与吉祥，每见凤凰出现，则是天下必然安宁的征兆。《山海经·南山经》中说："是鸟也，饮食自然，自歌自舞，见者天下安宁。"

凤凰又指有德之人，主张"和为贵"的大圣人孔子，便是中国历史上第一个被尊称为"凤"的人。有关凤凰的成语中"鸾凤和鸣"，表示自然界鸾鸟与凤凰相应鸣叫，声音和悦，所以常被人们用来表示夫妻关系的和谐。"百鸟朝凤"既是自然界和谐秩序的象征，也是全社会和平安宁的象征，在传统中国社会中喻指君主圣明而天下归附，喻德高望重者必众望所归。"丹凤朝阳"则形象地反映了原始农业时代阳鸟与太阳的

和谐关系，在古代也被用来表示君臣之间的和睦协调。

　　龙的形象和凤的形象合二为一，又表示为祥瑞与通天符号。出土于湖南长沙陈家大山楚墓的帛画上，龙竖身卷尾，头脸朝天，肢爪划动，跃跃欲飞；旁边是一昂首展翅，飒然飞举的凤。龙凤之下，站着一位双手合掌、祈求升天的华贵女子。显然，龙和凤共同承担了导引人们脱离俗尘、升达天堂的重任。

　　秦汉以来，专制君王利用人们对龙凤图腾崇拜的虔诚心理，将龙凤巧妙地据为己有，使其独占性地成为帝王与皇后尊贵的代名词。帝王借用龙的象征意义，都说自己是真龙天子。

战国·中山王墓出土的"四龙四凤"方案器座

秦始皇称"祖龙",汉高祖是其母感蛟龙而生,有"隆准而龙颜"之相,王莽欲"当仙成龙",汉光武帝则"梦赤龙"等等,都利用龙来树立自己"君权神授"的权威。传说武则天两岁时,其父武士彟请星相家袁天纲来给她看相。当时的武则天身穿男孩服装,由奶妈抱着。袁天纲端详过后惊叹说:"日角龙颜,龙睛凤项,伏羲之相,贵人之极也。"当他得知是个女孩时,仍断言:"是女,亦当主天下。"这样的传说,不免有附会编造之嫌,但人们的造神活动,仍然离不了龙凤形象。

皇家把龙据为己有后,有关事物的名称就打上龙的印迹。就皇帝本身而言,登上皇位称"龙飞"或"龙登九五";仪态姿势为"龙骧虎步",容颜相貌为"龙颜";身体为"龙体",衣服为"龙

北京故宫的云龙纹望柱

袍"；座椅为"龙椅"，床铺为"龙床"；所乘之船为"龙舟"，所坐之辇为"龙辇"；去世称为"龙御宾天"。与龙相对应，凤外表鲜艳美丽，喜好妖媚打扮，属"阴"。身处后宫的娘娘妃嫔们，也就称凤比凤了，以凤作特有的舆服标志和宫廷装饰，如凤冠、凤钗、凤头鞋等。皇家子孙则称龙孙凤子，整个皇宫以龙阙凤楼代称。

在传统中国，虽然龙凤象征着专制君王的皇权、神权，威严不可侵犯，但龙凤形象是历史上广大民众积聚集体力量创造出来的神物，在某种程度上体现着普通民众的理想愿望与审美情趣，那些帝王后妃自然不能全部垄断。龙凤作为一种吉祥动物，从上层帝王皇宫"飞入寻常百姓家"，普遍用于民间社会，构成了传统文化的重要因素。主要有如下几个方面：

一是表达和美姻缘愿望。龙为英俊潇洒男性的象征，凤是漂亮多情女子的象征，龙凤阴阳交合，与男女婚姻爱情联系起来，取意阴阳和谐、婚姻美满、福瑞绵长。

二是祝福、期望子女出类拔萃、高贵显达。传说一对夫妇晚年得子，视为掌中明珠，悉心教养。小儿分外伶俐，长到三四岁，诗词文章张口即来，问对应答流利自如。老父没得可教，便让小儿骑在自己肩上送去赶考。考官点名问考，见一人扛小儿入堂，奇怪发问："堂下负子入考者为何人？"只听小儿答道："负者不考，考者不负，礼虽不恭，情有可原，望大人见谅。"说完拱一拱手，表示歉意。考官惊奇道："不孝儿骑父为马。"对曰："慈悲父望子成龙。"考官连连发问，小儿终能流畅对答。最后考官满心欢喜地说："眼中人为面前人。"神童信心十足答道："水底月是天上月。""眼中人"就是看中之意；"水底月"便是为官清明之喻。状元桂冠终为神童所摘。此人就是明代天才文人解缙。民间有此类故事流传，就有相应的习俗流播。在孔夫子的家乡山东曲阜，流行刻送龙凤印章的习俗，生男孩选龙图案，寓意"望子成龙"；生女孩就选凤图案，寓意"望女成凤"。

三是以生动凝练的语言描摹情状，反映世态万象。"龙生龙，凤生凤，老鼠的儿子会打洞"、"龙识珠，凤识宝，牛马只会识稻草"是民众安分认命的无奈。"鲤鱼跳龙门"比喻中举、升官等飞黄腾达。传说黄河鲤鱼跳过龙门，就会变化成龙，这给普通的人生以一种希望与自信，鼓励人们逆流前进，奋发向上。"凤舞龙蟠"、"乘龙快婿"、"得婿如龙"比喻喜得佳偶，喜结良缘。"乘龙配凤"、"打凤捞龙"比喻搜索、物色难得人才。"附凤攀龙"指巴结、投靠有权势的人来获取富贵。其他如"龙骧凤矫"、"龙腾凤飞"指做事行动迅猛；"龙心凤肝"指极珍贵稀有的名菜；"龙飞凤翔"指个人仕途得意，飞黄腾达；"龙言凤语"比喻轻松悠扬的音乐之声；"龙章凤姿"指人不凡的仪表风采，等等。

　　四是运用于建筑装饰和纺织品纹样等。在建筑图案上，尤其是带有皇家标志的建筑，龙凤形象似成一种专利。据有人统计，故宫太和殿有龙一万两千六百五十四条，仅太和殿前后四十扇大门，每扇门就有五条木刻雕龙；门窗上的精致花纹鎏金铜叶龙，共有三千五百零四条。一般而言，都是龙为主凤为从，龙居第一位，凤则第二位；二者同时出现的时候，多是龙高凤低，龙大凤小，龙多凤少，很显明，这种图案真切反映了中国古代男权高高至上的社会现实。但清东陵的慈禧陵寝图案装饰，不仅耗金巨大，工艺精湛，而且龙与凤的式样，足以使明清二十四位皇帝的宫殿大为逊色。隆恩殿正中的丹陛石雕，宽一点六米，长三米多，上刻"凤引龙"：一只大凤凌空展翅，穿云俯首；一条出水小龙却曲身扬首，仰望大凤。同样图案还刻在隆恩殿周围的汉白玉栏杆上。在月台的抱喜石上，直接为"凤在上，龙在下"：凤耸冠瞪目，翅翼微张，个性张扬，志得意满，不可一世；而身居下位的行龙，头小身细，拘谨小心，唯凤神采是瞻，那副神情委实可怜！慈禧这种将凤抬高到龙之上的颠覆做法，在龙凤文化史上并不多见。"二龙戏珠"的图案极为普遍，在民间艺人的玉雕、石雕、砖雕、木雕作品中随处可见。丝纺织品上的龙凤图案，颇具民族特色。湖北江陵马山楚墓出土的一批丝织品，上面的刺绣纹样都是龙和凤。如"蟠龙飞凤纹"、"舞凤逐龙纹"、"舞凤飞龙纹"、

"龙凤合体纹"等等，展现出或翩翩对舞逗嬉成趣，或交缠纠结顾盼生姿的灵动秀美和高超技艺。

五是举行民间"舞龙灯"与"赛龙舟"的民俗活动。民间传说龙有降雨除旱的神性，每当遭遇旱情，各地百姓举行拜祭

慈禧陵隆恩殿前的"凤在上，龙在下"御路石

龙王行雨的祭祀活动。而"舞龙灯"的民俗活动，与龙兴云布雨有关。传说，有一地方久旱不雨，溪河断流干涸，禾苗枯黄，一位能算天气晴雨旱涝、能知人间祸福的老先生，对愁苦的众人说："你们不要愁，今天午后未时排云，戌时下雨，城内下三分，城外下七分。"不料他的这番话被治水老龙听到，顿生嫉妒，赌气地把玉皇大帝命他在城内城外的下雨量颠倒过来。结果，倾盆大雨淹了城内，城外庄稼地旱情没有解除。此事被本乡土地神如实向玉帝参奏，玉帝把老龙打入天牢并处斩首。观音菩萨知道后向玉帝求情保救，还没待观音开口，玉帝放阴剑把老龙斩成了九节。后来那位先生又来对众人说："老龙被斩，是和我赌气而丧命，但他对民间做了不少好事，他死了，你们要为他烧点香纸。"于是，人们就制作九节金龙，到各个村落起舞和敬奉，祈求老龙保佑风调雨顺，五谷丰登。久而久之，舞龙成为许多民族的传统习俗。在民间社火表演中，舞龙灯是一项主要内容。赛龙舟活动多在水系发达的中国南方流行，一般在端午节举行，规模宏大、场面壮观。

龙凤文化发展到现代，既是一种民俗文化的继续表达，也是每一位华夏儿女对祖国拳拳深沉的情感认知，是数千年来中华民族凝聚力的生动写照。由于神话传说与民族起源二者之间有难分难离的关系，炎黄子孙无论身在本土故园，还是身处异国他乡，都领受过龙的福祉，皆可称为"龙的传人"。

鹊鸟报喜

中国人素来喜好以形象直观而又委婉含蓄的方式表情达意，与"喜庆"、"喜悦"、"喜气"、"喜事"等有关的意蕴图案，即称为"吉祥喜图"。人们称鹊鸟为喜鹊，即为喜乐之意的典型。与喜鹊有关的民俗吉祥图案有："喜在眼前"——双鹊对飞或对立，共视古钱；"欢天喜地"——獾子仰头望天，喜鹊飞空俯地，两相对望；"报喜图"——豹子伏地，喜鹊临空；"同喜"——双鹊栖于梧桐佳木；"喜鹊登枝"——喜鹊站在梅枝上昂首鸣叫；"喜上眉梢"——怒放的梅花枝头站立两只喜鹊；"日日见喜"——红日东升，喜鹊飞舞；"双喜"、"喜相逢"——两只喜鹊相向对鸣；"喜报三元"——喜鹊和三枚桂圆的组合。这些形象生动且意蕴深长的画面，均采用谐音、双关或意象组合的浪漫主义手法，均是民间喜闻乐见的艺术形式，表现了人们对吉祥幸福的追求与渴望。民间俗信喜鹊是"报喜"鸟，谓之"灵鹊报喜"，特别愿意看到喜鹊栖于树枝或听闻其喳喳鸣叫声，"喜鹊叫，贵人到"、"喜鹊叫，亲戚到"、"喜鹊叫，福气到"、"喜鹊叫，财运到"等俗谚，正是这种俗信心理的反映。

喜鹊被人们视为喜鸟。民间故事中讲：天地间的第一对喜

鹊生在腊月，时逢严寒隆冬，万木凋零，鹊儿只能栖息在腊梅树上。因为喜鹊的羽毛是黑褐色的，人们就叫它"黑鸟"。而

人们多选择在腊月里办喜事，黑鸟瞧见屋外院内鼓乐齐鸣，热闹非常，所以也在树上吱吱喳喳地欢叫。大家觉得再叫它黑鸟不吉利了，取腊梅的"腊"字半边配"鸟"，成"鹊"字，并讨口彩说，鹊儿在树上的吱喳声，是给新人贺喜的。从此，"喜"与"鹊"字相连，喜鹊成了受人欢迎的吉祥鸟。

人们把连结男女良缘者称为"鹊桥相会"，给人介绍对

南宋·沈子蕃《喜鹊梅花图》

象称"鹊桥",还振振有词说:"牵手鹊桥,给陌生人一个相识机会!"这与民间久久流传的《牛郎织女》故事中喜鹊扮演的重要角色有关。故事中的牛郎被狠心的哥哥嫂嫂赶出家门,孤苦无依,只有老牛相伴,喜鹊以喜娘的角色报告了七仙女在银河洗浴的消息;而当织女被王母娘娘抓回天宫后,王母命令喜鹊仙子去给被分离在银河两岸的牛郎织女传话,说每个月初七日相会一次,可是错说成每年的七月七日相会一次。大错铸成不能挽回,喜鹊仙子便下令在七月七日这一天,集结所有的喜鹊,口尾相衔,搭起一座鹊桥,让牛郎织女相聚于鹊桥上。据说七夕过后,鹊鸟的羽毛都会七零八落地脱掉不少,连头都秃了,是因为辛苦搭桥的缘故,有些地方就把七夕之后的喜鹊又叫"秃鹊",也就有了"回渡河头髧"的传说。故事里的喜鹊充满了人情味,至今,民间还盛行着具有喜鹊文化特征的节日——七夕节。

因为喜鹊属"阳鸟",天性喜干厌湿,所以又叫"干鹊"。作为一种文学意象,"干鹊"一词屡屡现于文人墨客笔端。如南宋朱淑真《月华清》有"雪压庭春,香浮花月,揽衣还怯单薄。欹枕裴回,又听一声干鹊"之句;元代王举之《双调·折桂令》有"叹窗前干鹊无灵,定花梢,诉尽春情"之句。但人们还是乐意把它叫喜鹊、灵鹊,而不以干鹊称呼。民间普遍相信,喜鹊是祥瑞灵鸟。有人认为喜鹊能够报喜,与喜

鹊有预知气候变化、识别晴湿能力有关。喜鹊有感应天气变化的生物本能，民间谚语就有"喜鹊乱叫，阴雨天到"的经验知识。

喜鹊能给人传报喜讯，称为"灵鹊报喜"。民间俗信喜鹊的鸣叫声是喜庆的征兆。据汉代刘歆的《西京杂记·瑞应》记载，当时的人们就有"干鹊噪而行人至，蜘蛛集而百事喜"的传统习俗。唐代张鷟《朝野佥载》笔记中记述了贞观末年的一则故事：有个叫黎景逸的人，家门前的树上有个鹊巢，他常喂食巢里的鹊儿，时间一长，人和鸟感情笃深。当黎景逸被冤枉入狱后的一天，他喂食的那只鸟停在狱窗前欢叫不停，他暗暗思忖：喜鹊鸣叫，可能有好消息要来了。果然三天后，被无罪释放。唐宣宗年间，孔子第三十九代孙孔温裕因进言被贬为柳州司马，不久得到堂兄书信，告诉他有消息要调他回京任职，但迟迟不见正式敕书。有一天，喜鹊落在庭院里好像有话说的样子。他的小孙子见状且拜且祝祷云："愿早得官。"喜鹊飞离，坠下方寸片纸，上面写有"补阙"二字。过了几天，孔温裕果然调任补阙。五代后周王仁裕《开元天宝遗事·灵鹊报喜》提到"时人之家，闻鹊声，皆为喜兆，故谓灵鹊报喜"。

喜鹊能给人带来官运。晋代干宝《搜神记》记载：大雨过后的一天，有一群喜鹊飞到集市上空，忽然堕落于地，化为圆石。有个叫张颢的人打碎了其中的圆石，发现里面有一颗金

清·姚文瀚《七夕图》

印，上面写着"忠孝侯印"。张颗果然做官，累官至太尉。人们据此就把喜鹊报喜与升官晋级的喜事附会一起。

喜鹊是好运与福气的象征。"喜鹊登梅"是年画中非常常见的题材，春联有："红梅吐蕊迎春节，喜鹊登枝唱丰年"；剪纸"喜鹊登枝头"装饰新房，结婚喜联有："金鸡踏桂题婚礼，喜鹊登梅报佳音"等等，以喜鹊来渲染欢天喜地的热闹气氛。灵鹊报喜，兆示着喜事多多，预示着心想事成。人们对喜鹊非常爱护，禁忌打鹊、掏喜鹊窝，认为伤害喜鹊会遭受不幸或者失去好运。

由于喜鹊是传递喜事的使者，在民间就有了"祝鹊"的风俗。人们摆上香案，供上祭品让喜鹊来享受，把自己的心事诉说给喜鹊听，让喜鹊帮他们实现自己的心愿。显然在这个仪式中，人们已经把喜鹊当成生活中的神灵来看待。

龟鹤长寿

在民间，相传龟、鹤皆有千年之寿，人们凡为老人写寿帖，一般都要用到"龟龄鹤寿"、"龟鹤齐寿"、"龟鹤延年"、"龟鹤遐龄"等词语来祝愿高寿。曹植《神龟赋》曰："龟寿千岁。"葛洪《抱朴子·对俗》曰："知龟鹤之遐寿，故效其道引以增年。"古代中国视六十岁以上皆长寿。六十岁为花甲，七十岁为古稀，八十岁叫做耄，九十岁叫做耋，百岁叫做期颐，百岁以上统统称为龟龄。"龟鹤齐龄"也是传统的吉祥图案之一。

在中国传统文化当中，龟为动物中的长寿代表，具有文化的意蕴，王充《论衡》曰："龟三百岁大如钱，游华叶上，三千岁则青边有距"；任昉《述异记》则曰："龟一千年生毛，五千岁谓之神龟，寿万年曰灵龟。"长寿龟的形象在民间画卷、瓷器、雕刻等艺术作品中极其常见。

龟崇拜是中国传统文化的内容之一，中国人崇拜龟，视龟为吉祥与预知未来的灵物，把龟当作人与神之间的媒介，是"延年益寿"的象征。从考古出土资料来看，龟崇拜的时间，很可能出现在新石器时代。在新石器时期的一些遗址如山东大汶口文化、河南贾湖文化、浙江河姆渡文化等墓葬中，都发现有龟崇拜的遗迹；在安徽凌家滩文化遗址中，还出土了弥足珍贵的玉龟实物。据专家考证认为，玉龟是用以祭祀的。古人用龟或龟形器物进行祭祀的原因，主要认为它有灵性，是祥瑞之物，龟与龙、凤、麟并称"四灵"或"四神"。

在"四灵"之中，龙、凤、麟都非现实存在的动物，而龟却是唯一存活于自然世界的爬行动物。龟的体形不大，却有顽强的生命力。《史记·龟策列传》记载说，南方有一老人用龟支床二十余年，老人死后把床移开，"龟尚不死，龟能行气导

引"。民间根据龟长寿这一特点，认为龟有灵性，无所不知，也能预知未来，常用其背壳做为占卜之用。在先秦时期，用龟占卜是当时的普遍现象。尤其在殷商时代，举凡祭祀、战争、婚姻、会盟、农事、狩猎等等活动之前，都由巫师烧灼龟甲使之爆裂成纹，根据裂纹来占卜吉凶，是为龟兆。占卜后都要把占卜的结果记录、刻写于龟甲上，从而留下了中国最早的文字——甲骨文。

西周是龟卜文化继续发展时期，用龟卜来决断大事就从未间断过。掌执龟甲占卜的官员有太卜、卜师、龟人、占人等，如龟人的职责就是掌管乌龟，"若有祭祀，则奉龟以往。旅亦如之，丧亦如之"。《诗经》中有数处描写龟卜情景的篇章，《小雅·小旻》写周幽王不听良言，偏信蛊惑邪谋，致使国家

商·刻字龟甲

岌岌可危，忠心大臣求于龟卜均不见采纳，再三卜筮，则"我龟既厌，不我告犹"。意为同一卦辞卜筮次数太多，连龟甲都感到厌烦而不再显灵，预示周幽王骄奢腐朽，昏聩无道，趋于灭亡已成历史必然。以龟作卜筮，显现时局发展的现状，进而推测未来，此所谓"趋吉避凶"。而吉凶决定于当事人自己，所以说龟卜对幽王的劝诫没有起多大作用。战国时候，大将的旗帜以龟为饰，为"前列先知"之意，中军也以龟为号。唐代则把龟崇拜推到高峰，唐人将传统的调兵遣将的虎符改为龟符，北方边陲的都护府改为龟林府。唐朝人还喜欢用龟字命名，如音乐家李龟年、诗人陆龟蒙等。在中日文化交流中，人们喜龟爱龟的风俗传入到日本，现今日本人名字中仍有许多带"龟"者。

龟是先知先觉的灵物，所以在历代统治者眼中，凡是可以作为借鉴的事物，常常称为龟鉴。北宋景德年间，由大臣王钦若、杨亿等人编成了一部一亿字的大型史料性类书，宋真宗亲自为此书写序，并赐名《册府元龟》。"册府"是指存放图书的府库，"元龟"即大龟。编纂这本大书的目的，就是作为帝王处理军国大事的借鉴。

龟的灵性还体现在建筑上。原先的成都，别名龟化城（或叫"龟画城"）。当初在建筑成都城的时候，龟起了"堪舆师"与"勘测工程师"作用。相传秦惠王二十七年（前311），

秦国的金戈铁马踏入蜀国，蜀国最后一代昏君十二世开明帝被秦军乱箭射死。惠王命令宰相张仪在成都平原修筑一座屯兵秦城，以加强对蜀地的监控。张仪决心把这座曾经是开明王朝国都的城市建得坚固阔大。可夯筑城墙时屡屡垮塌，很是烦恼。突然一只巨龟从江水中浮起，用亮闪闪的眼睛看了张仪一眼后，奋力沿江向前游去。张仪心中一动，便跟着这只乌龟朝前走。这只龟游到城东隅时，便肚皮一翻死了。张仪从水中捞起这只乌龟，急忙叫来一个巫师询问征兆。巫师观察一番周围地形后，掐手一算说：恭喜丞相，这是上苍显灵啊!你只要沿着龟迹筑城，城就不会垮塌。张仪急忙命令士兵役夫按龟迹筑城，果然一堵堵高墙拔地而起，再也没有倒塌，成都城很快建了起来。因为这段故事，成都城最初名为"龟化城"。据说现在的青石桥，就是当初乌龟殉难的地方，因此青石桥又被叫做"龟化桥"。

龟崇拜习俗在民间一度盛行。福建、台湾一带很早就有"祈龟"的风俗。如妇女到庙里、祠堂里"乞龟"，如果得到神的允许，就把供桌上用米粉做的龟带回家吃了，保佑来年添个大胖小子。如果如愿得子，要做两个更大的龟，前去还愿；小孩满月时要做"满月龟"；四个月时要在小孩头上点红点，叫"点龟"，外祖母家还要给小孩送去龟；小孩周岁时，家里要做"四脚龟"，外祖母家也要送来"四脚龟"，寓意四脚齐

金·张圭《神龟图》

全。孩子从会走路一直到成年，每年的生日都要敬拜床公、床母、七娘妈等各路保护神，其仪式也必须有龟，显然龟是伴随孩子成长的保护神。此外还有以龟庆贺婚礼，以龟祭祖先、祭祀神灵，以龟祝人长寿的习俗。可以说一个人的成长过程中，龟是长相伴随的神物。

但在另一方面，因为龟是实有的自然界动物，人们在日常生活中可以对其行为进行细致的观察，因此对龟的优点缺憾会有清醒的认识，笼罩在它头上的神秘光环必然会被人们识破。特别是唐宋以来龟卜彻底绝迹，龟的天神使者身份不复存在，地位自然会下降。加之龟出于自我保护，有喜藏头于壳中的自然习性，由此而派生出"龟头龟脑"、"缩手缩脚"、"缩头缩脑"等词语。当人们把观察到的乌龟缩头习性与人胆小怕事的行为联系起来时，龟的名声大大变坏，尤其是在元代以后，

世人对龟成见颇深，以龟为名号的人大为减少，骂人谑语却日见增多。元石君宝所作杂剧《鲁大夫秋胡戏妻》第四折曰："如今且学乌龟法，只是缩了头来不见人。"陶宗仪《南村辍耕录》中还录有一首《败家子孙诗》，其中有"舍人总作缩头龟"一句，记载一邻人家境富饶，田连阡陌"而子孙不肖"之事。相比于龟，其他"三灵"就没有遭遇这样的情形，这是因为它们根本不存在，因此其神秘也就难以揭破。

古人把龟、鹤同提并称，皆为吉祥、长寿的祥瑞动物。鹤文化与我国的龙文化、凤文化一样具有深厚的文化底蕴，至少有三千年的历史，是我国民族文化的组成部分之一。鹤有不同的种类，如丹顶鹤、白鹤、白枕鹤、灰褐、蓑衣鹤等等，生有长喙、长颈和长腿，翅膀强壮有力；羽毛多为淡雅的蓝灰、

紫禁城太和殿前的铜龟

灰、白灰、灰白、黑、白等色。其中的丹顶鹤，又名仙鹤，体态修长，除喉颈部和飞羽后端为黑色外，全身洁白，头部朱红肉冠。它举止温文尔雅，展翅高飞即直冲云霄，引颈高吭则声震四野，形神俊逸，是几乎集中鹤类的一切美好特征的飞禽。明代园艺家陈溟子所作《花镜》曰："鹤，一名仙鸟，羽族之长也。有白、有黄、有玄，亦有灰苍色者。但世所尚皆白鹤。"丹顶鹤

春秋·立鹤方壶

不仅是吉祥的象征，而且有很高的观赏价值，是古往今来的文人、画师以及艺匠所吟咏和描绘的题材对象。

三千二百多年前的殷墟妇好墓，出土了玉鹤；二千四百年前长沙战国中期楚墓出土有精美的青铜器莲鹤方壶；长沙马王堆出土的"T"字形西汉帛画，在女娲（一说伏羲）的上方，有五只鹤仰首而鸣，说明鹤在当时人固有的观念中，是天国仙禽；而生活在东北的锡伯族，在他们供奉祖先的神坛上，常绘丹顶鹤的形象。

自西汉刘安《淮南子·说林训》中出现"鹤寿千岁"的说法，又经晋葛洪《抱朴子·对俗篇》论证龟鹤千岁非空言后，鹤就成了长寿之鸟，《相鹤经》中就有"寿不可量"之说。《花镜》还说："鹤生三年则顶赤，七年羽翮具，十年二时鸣，三十年鸣中律、舞应节。又七年大毛落，茸毛生；或白如雪，黑如漆。一百六十年则变止，千六百年则形定，饮而不食。"如此高龄大寿，只有龟可与之相媲美，所以在传统观念中，鹤与龟同称为长寿之王。后世常把长寿称作"鹤寿"、"鹤龄"、"鹤算"等，寿联有："壮志凤飞逸情云上，灵芝献瑞仙鹤同年"、"霄汉鹏程腾九万，锦堂鹤算颂三千"。有人为了表达长寿意愿，以鹤命名，如"鹤寿"、"鹤年"、"鹤龄"（同类者如"龟年"、"松龄"等）。

鹤是羽族之长，被高贵地称为"一人之下、万人之上"的

清·文一品官服"仙鹤"补

"一品鸟"，地位仅次于"凤"。明清官服的补子纹样，一品文官均为仙鹤，"一品"又成鹤的代称。朝廷官员的服饰之所以用鹤图案，是因为鹤行规步矩，不淫不欲，鸣声嘹亮。《花镜》讲述鹤之德行说："行必依洲渚，止必集林上。雌雄相随，如道士步斗，履其迹则孕。又雄鸣上风，雌鸣下风，以声交而孕。尝以夜半鸣，声唳九霄，音闻数里。有时雌雄对舞，翱翔上下，宛转跳跃可观。"《相鹤经》进一步解释说："鹤

者，阳鸟也，而游于阳。因金气、依火精以自养，金数九，火数七，故七年小变，十六年大变，百六十年变止，千六百年形定。体尚洁，故其色白；声闻天，故其头赤；食于水，故其喙长；轩于前，故后指短；栖于陆，故足高而尾凋；翔于云，故毛丰而肉疏；大喉以吐，故修颈以纳新。"鹤的这些特性，都是被视为一品鸟的原因。民间期盼出人头地、大福大贵，以鹤为吉祥图案的多寓此意。"一品当朝"——鹤立于潮（谐"朝"）头岩石；"一品高升"——鹤在云中飞翔；"指日高升"——日出时鹤振翅飞翔；与鹿或加桐配合，则成"鹿鹤同春"或"六合同春"；与椿相配，亦为"六合同春"。

紫禁城太和殿前的铜鹤

鹤在古时又被用来喻作贤能之士，所以招聘贤士的诏书叫"鹤板"，鹤板上的书体叫"鹤书"。洁行自爱修身有为者被誉称为"鹤鸣之士"。与此相关联的吉祥图案有"一琴一鹤"，喻指为官清正廉洁、贪腐不沾。《宋史·赵抃传》载："赵抃号铁面御史，帅蜀以一琴一鹤自随。"是说赵抃虽身居高官，却仅以一琴一鹤为伴，堪称刚直清廉之士。

鹤为仙鸟，颇有仙风道骨，与仙家道长关系密切。相传得道成仙的人多跨（骑）鹤，被称作"鹤驾"、"鹤驭"，民间吉祥图案有"群仙献寿"图，上绘老寿星驾鹤空中飞翔，群仙拱手仰视。传统观念认为人死归天，或上天堂，或赴瑶池，鹤既是仙鸟、又为仙人所乘，所以常称死为"化鹤（鹤化）"、"驾鹤归仙"等，如挽幛有英灵随鹤、鹤驾西天、驾鹤归仙、驾鹤归宿等辞令。挽联有"扫榻飞烟惊化鹤，春帘留月觅归魂"、"骖鸾腾天驾鹤上汉，飞霜迎节高风送波"等等。

古代文人十分欣赏鹤的姣美形态，称赞之语不绝如缕。以唐代诗人为例，薛能有"瑞羽奇姿踉跄形，称为仙驭过青冥"（《答贾支使寄鹤》）；白居易有"低头乍恐丹砂落，晒翅常疑白雪消"（《池鹤》）；张贲有"渥顶鲜毛品格驯，莎庭闲暇重难群"等等，落笔典雅，使鹤的高贵丽质跃然纸上。宋代文化昌盛，据说在皇家画院中，有一次出了一个别致题目："万绿丛中一点红。"诸生纷纷作画彰显才智，但优胜者画的

是绿草滩为背景，只有一只悠闲丹顶鹤而已。真是妙手丹青，高明至极。

鹤还被赋予坚贞爱情的品行。丹顶鹤一生只有一个伴侣，如果配偶死了，另一只就会长时间地徘徊围绕在身旁，不吃不喝，久久不愿离去，并且不会再找新的配偶。西晋崔豹《古今注·音乐》记载了一则夫妻分离的哀婉故事："《别鹤操》，商陵牧子所作也。娶妻五年而无子，父兄将为之改娶。妻闻之，中夜起，倚户而悲啸。牧子闻之，怆然而悲，乃歌曰：'将乘比翼隔天端，山川悠远路漫漫，揽衣不寝食忘餐。'"后人将此歌谱成琴曲，以此表达怀念之情。

鸳鸯偕老

汉语"鸳鸯"是一个合成词，雄鸟为鸳，雌鸟为鸯，是著名的观赏鸟类之一，属雁形目鸭科。雄的头部有紫黑色羽冠，翼的上部呈黄褐色，羽毛美艳；雌的全身苍褐色，双双栖息于池沼之上，形影不离。雌雄两鸟一旦配对，"止则相偶，飞则成双"，它们终身相伴，从不分离，如果有一只被捉，另一只定会相思而死。崔豹《古今注·鸟兽》中说："鸳鸯，水鸟、凫类。雌雄未尝相离，人得其一，则一者相思死，故谓之匹鸟。"清代乾隆年间所修《淮安府志》记载了一则故

明·陈洪绶《荷花鸳鸯图》

事，说在盐城有一渔夫捕到一只雄鸳，拔毛后斩块煮在锅里，那只雌鸟就在船边长鸣。渔夫一掀起锅盖，雌鸟一头扑进锅里，在沸水中死去。鸳鸯至情可窥一斑。

千百年来，在人们心目中，鸳鸯一直是恩爱和睦、亲爱不离的爱情鸟。人们期盼像鸳鸯那样相亲相爱、一辈子白头偕老，而以鸳鸯比作夫妻。日常用语中有"鸳侣"、"鸳盟"、"鸳衾"、"鸳鸯枕"、"鸳鸯剑"等词语，都含有男女情爱的意思。唐代诗人卢照邻《长安古意》诗中有"得成比目何辞死，愿作鸳鸯不羡仙"一句，真切赞美了人世间美好的爱情。

鸳鸯是表达夫妻相爱、至死不渝的灵魂鸟。基于人们对鸳鸯的认识与喜爱，民间流传着不少以鸳鸯为题材、歌颂纯真爱情的传说故事。《搜神记·韩凭妻》叙述了一则鸳鸯的传奇故事：

　　春秋时宋国大夫韩凭，其妻美，宋康王夺之。韩凭怨，而被投进监狱自杀。其妻暗中将自己衣服腐蚀，与康王登高台假装作乐，乘人不备自投台下，左右急忙扯衣，衣不中手而死。她在腰带留遗书说：愿以尸还韩氏，期盼夫妻合葬。康王恼怒，令二冢相对，一宿间有梓木生二冢之上，根交于下，枝连其上。不几日，两树合抱，对向拱屈，郁郁葱葱。有鸟如鸳鸯，雌雄各一，常栖其树，朝暮比肩，交颈而鸣，音声感人。

韩凭夫妇以死抗争，用血泪和生命的尊严控诉了无道昏君的暴行！而他们威武不能屈的刚烈人格，赢得后世的无比敬仰。他们的忠烈精魂化为鸳鸯，双双对对永不分离的动人故事，长久地传诵在人间。然而，类似悲剧在后世接连发生。最为著名的是汉族焦仲卿与刘兰芝夫妻、土族一对恋人拉仁布与吉门索的凄婉、悲凉的爱情故事。

《乐府诗集》中《孔雀东南飞》叙事诗，描写了焦仲卿与刘兰芝这对恩爱夫妻在严酷家庭礼教迫害下，不得不分离继而先后殒命的悲剧。诗中详细地叙述了二人被迫分离、怨魂化为鸳鸯的经过：

> 其日牛马嘶，新妇入青庐。庵庵黄昏后，寂寂人定初。
> 我命绝今日，魂去尸长留！揽裙脱丝履，举身赴清池。
> 府吏闻此事，心知长别离。徘徊庭树下，自挂东南枝。
> 两家求合葬，合葬华山傍。东西植松柏，左右种梧桐。
> 枝枝相覆盖，叶叶相交通。中有双飞鸟，自名为鸳鸯。
> 仰头相向鸣，夜夜达五更。

吃人的严酷礼教扼杀了两个年轻鲜活的生命，人们在热情歌颂刘兰芝、焦仲卿夫妇忠于爱情、反抗压迫的叛逆精神时，也以一种委婉曲折的方式告诉世人：对爱情的大胆向往，

对婚姻自由的热烈追求，如果弱者和被压迫者不能遂人心愿，但人性中凛然不可侵犯的尊严仍然保持，那么生命还可以升华，还可以转化为难弃难离的鸳鸯鸟而再度延续。

土族民间叙事长诗《拉仁布与吉门索》也是一幕爱情悲剧：

美丽善良的姑娘吉门索爱上了哥哥的长工拉仁布，相亲相爱。拉仁布的哥哥却嫌穷爱富，恼怒地把吉门索关起来，换上妹妹的罩衣等候在路旁。薄暮时分，拉仁布从山上放羊回来，以为是吉门索，赶紧跑了过去，却被狠心的哥哥一刀刺死。按照土族的风俗，尸体要火化。可是烧了三天三夜，拉仁布的尸体没有烧着。吉门索不顾一切从家里跑来，赶到火葬场地，一边悲哭一边把自己心爱的衣服一件件脱下来扔进火里，可是尸体还是烧不起来。吉门索知道这是情人在等她，

战国·鸳鸯漆盒

于是唱道：

你不来者我知道，盼我一起和你烧。

五尺身子舍给你，一块烧到天荒和地老。

纵身跳进火堆，大火立刻将他们烧为灰烬。哥哥把他们的骨
灰分开，埋在一条河的两边岸上。不久，河岸上长出了两株
繁盛的合欢树，树枝弯过来搭在一起。哥哥更加生气，又把
两颗树砍倒，剁为烧柴，放在灶里烧。只见火焰刚升起，一
对鸳鸯从火中飞腾而起，扑过来啄瞎了哥哥的双眼，然后飞
向山去。

这首爱情叙事长诗被誉称为土族的"梁山伯与祝英台"，
拉仁布与吉门索用自己宝贵的生命再一次谱写了"在天愿为比
翼鸟，在地愿
为连理枝"的
回肠荡气的爱
情之歌，感动
了天地，惊泣
了鬼神，也感
动着人世间的
男男女女。

鸳鸯是青

五代·青瓷鸳鸯注子

年男女痴情的代名词。在台湾新竹县与宜兰县交界的深山中，有一湖泊名为鸳鸯湖，是淡水河上游水源，海拔约一千六百七十米，湖面积约三点六公顷。关于湖名的由来，是因为湖面上常有鸳鸯栖息之故。相传从前有一对青梅竹马的情侣，男青年因狩猎不慎葬身湖底，女子听闻，即跳入湖中相随殉情。他们的痴情感动天地，湖神便把他们化为一对鸳鸯相偎相依于湖面，终日嬉游。

鸳鸯成双成对嬉戏水面，神态悠闲迷人，引起历代文人墨客翩翩联想，屡屡吟咏。如：

七十紫鸳鸯，双双戏亭幽。——李白

合昏尚知时，鸳鸯不独宿。——杜甫

梧桐相持老，鸳鸯会双死。——孟郊

尽日无云看微雨，鸳鸯相对浴红衣。——杜牧

只成好日何辞死，愿羡鸳鸯不羡仙。——苏庠

诗人崔珏还因一首《和友人鸳鸯之诗》："翠鬟红毛舞夕晖，水禽情似此禽稀。暂分烟岛犹回首，只渡寒塘亦并飞。映雾尽迷珠殿瓦，逐梭齐上玉人机。采莲无限蓝桡女，笑指中流羡尔归。"而名声大振，被称为"崔鸳鸯"。

文人笔下所描绘的鸳鸯形象典雅，民间以鸳鸯为题材的吉

祥图案则俗而富有生活气息。"鸳鸯戏水"、"鸳鸯贵子"、"鸳鸯长安"、"荷花鸳鸯"、"鸳鸯同心"等等图案，运用在年画、日常用品、工艺品中，以寄托人们的美好心愿。

年年有余（鱼）

大江小河中的鱼类和人们的生活息息相关。古人观察到鱼有极其顽强的繁殖力与生命力，便产生鱼崇拜观念。在出土的新石器时代器物上，就刻有单体鱼纹、双体鱼纹等图案。最为著名的是西安半坡遗址出土的鱼纹盆、人面鱼纹彩陶盆，既是先民的艺术创造珍品，又是鱼崇拜的生动体现。远古先民们认为鱼是通天的神灵，是能够引导死者的灵魂进入永生世界的

新石器时代·人面鱼纹彩陶盆

使者。这种观念一直延续在后来的葬俗中。如在商周时期的墓葬里，发现有用玉鱼作为随葬品；战国时期的墓葬中，还有铜鱼、陶鱼、木鱼等陪葬品。

从远古发展而来的鱼崇拜，形成了传统中国的鱼文化现象，人们视鱼为祥瑞之物：一是代表吉祥富贵，二是象征家族人丁兴旺、繁衍昌盛。东汉应劭著《风俗通义》记载，孔子夫人生下一男婴，恰巧有人送来几尾鲤鱼，孔子"嘉以为瑞"，于是为儿子取名鲤，表字伯鱼。可见，以鲤为祥瑞的习俗，在春秋时已经普及。在舟山沈家门，现今还流传着这样一种习俗：男女青年订婚，男方要先送两条即将产子的大黄鱼到女方，女方回礼时再把这两条鱼送回来，而且鱼头要朝着男方家，寓女子嫁到男方家

金·双鱼纹铜镜

"百年到老，多子多福，不再回头"之意。有些地方在举办婚礼时，有一个"鲤鱼洒子"的仪式，当新娘走出喜轿的时候，男方的人把铜钱往四处抛洒，寓意婚后添丁进口、多子多孙。"鱼水合欢"当是比喻夫妇相得和好、情感融洽、姻缘美满。

生殖崇拜和生命意识是中国传统文化的重要内容之一。古人因鱼繁殖力强、成活率高、生长迅速的特点，于是以鱼组合成图案或造型，表达生殖崇拜的观念和心理意识，体现对于生命繁殖源头的基本思考，成为中国民间传统造型艺术中永恒的主题之一。不过，这种观念不是直观地显现，而是通过象征、双关、谐音等方式来表现，如传统图案"鱼穿（钻）莲"、"鱼戏莲"、"凤头鱼尾"、"人面鱼"、"阴阳鱼"等等，这些图案在某种程度上融合了古代阴阳相和、化生万物的思想。

在"鱼穿（钻）莲"的图案中，几条鱼儿在莲叶下悠闲地游来游去。粗略地看这幅图很平淡，只不过是对现实生活的艺术再现，但仔细分析，有其深刻的文化内涵。传统上，鱼是表示阳性符号，莲花、莲叶是阴性符号，鱼在莲叶下嬉戏玩耍，喻示着阴、阳，即男女两性间的婚媾。"鱼水合欢"等图案，以鱼水之情喻人之相得、夫妇和好。不仅如此，在传统民歌中，"鱼水之欢"表达更为浓烈。如南朝著名的民歌《江南》：

> 江南可采莲，莲叶何田田，鱼戏莲叶间。
>
> 鱼戏莲叶东，鱼戏莲叶西，鱼戏莲叶南，鱼戏莲叶北。

开头三句勾勒出一幅江南美丽景致，后四句以东、西、南、北并列，方位的变化以鱼儿的游动为依据，显得生动活泼、自然有趣，格调清新健康。句式复沓而略有变化，采用《诗经》以来传统的比兴、双关手法，以"莲"谐"怜"，象征爱情，以鱼儿戏水于莲叶间，来暗喻青年男女相互爱恋的欢乐情景。歌中没有一字直接写人，但通过对莲叶和鱼儿的描绘，却如闻其声，如见其人，如临其境，感受到一股勃勃生气，领略到采莲人内心的欢乐。此处用鱼比喻男性，用莲象征女性，鱼与莲嬉戏，实际上是一首表现男女相悦嬉戏的情诗。

在后世民歌中，男女之间的相思与爱情多用鱼这个意象来表达，而且表达得更加大胆、直率和淋漓尽致。如闻一多所选有关"鱼"的民歌内容与文化意象：

> 天上七星配七星，地下狮子配麒麟，
>
> 山中禽兽皆有配，水里无鱼是配谁？
>
> —— 陵云《背笼瑶恋爱歌》

明·缪辅《鱼藻图》

妹是鲤鱼不食钩，哄哥食饭不成食。

一条河水去悠悠，好是仙花水上流。

有情有意跟花去，看花落在那滩头。

一条河水去悠悠，金鱼鲜鱼水上游。

——镇边《黑衣恋爱歌》

好股凉水出岩脚，太阳出来照不着，

郎变犀牛来吃水，妹变鲤鱼来会合。

——《贵阳民歌》

鱼在水中鱼显腮，花在平河两岸开，

鱼在水中望水涨，哥在床上望妹来。

——《仲家民歌》

在这些民歌中，"鱼水之欢"比喻男性对女性的追求和对爱情的渴望。

汉语中"鱼"与"余"谐音，有着特别丰富的文化意象。如在民间美术中，"连年有鱼"、"渔翁得利"的窗花剪纸、"吉庆有余"的建筑雕塑、"富贵有余"的刺绣织物、"吉庆有余"的家用器物，可以说鱼的形象处处展现。除夕的年夜饭，几乎每个家庭的餐桌上，都摆有一条鱼，企盼"年年有

《年年有鱼（余）》年画

余"。特别是鲤鱼之"鲤"与"利"谐音，民间常视鲤鱼为
"财神"。新春佳节时，在家家的香案上供奉着一对"元宝
鱼"，有人在黎明时分挑着担子，在盒里盛着小鲤鱼，边走边
敲小锣鼓，嘴里喊着"财神爷来了"！人们听闻，赶紧敞开大
门表示迎接，送给来人一个红包，对方就送上一条活鲤鱼。

关于鱼文化，闻一多《说鱼》一文有非常详尽的论证。他
指出：在中国古代的礼俗中，"种族的蕃殖即如此被重视，而
鱼是蕃殖力最强的一类生物，所以在古代，把一个人比作鱼
在某一意义上，差不多就等于恭维他是最好的人，而在青年
男女间，若称对方为鱼，那就等于说：'你是我最理想的配

偶！'"当然，鱼作为象征观念，并不是中国人独有，而是一个世界性的文化现象。古代埃及、希腊、西亚和大洋洲的一些民族都有崇拜鱼的习俗。

【第三章】
易变形的动物

人与动物的关系密切，反映在民俗文化中，由于受原始宗教和民间信仰的影响，有意无意地通过夸大、缩小、移情和拟人等艺术表现手法，改变表现对象的自然形态，形成了一系列人与动物互相变形的故事类型。在这些民间故事中，主人公或为某种动物变幻为人形，或是人变幻为某种动物。故事中的动物助人得福者多，危害人间者少，反映了人与自然和善相处的美好愿望。

虎人易形

人与虎的变形故事，一般认为起源于西汉，发展于魏晋，成熟于唐朝，展示了丰富的文化内涵和独特的审美情趣。人虎变形的故事源头可以追溯到远古时期的图腾崇拜。许多民族曾

经把百兽之王作为自己的图腾。中国西部古代羌人的图腾之一是老虎，"虎齿豹尾"的西王母形象，有人分析说应该是羌人部落首领的装饰标志。以虎作为图腾的民族还有地处西南的摩梭人、白族、普米族、哈尼族、拉祜族、彝族等，北方信仰萨满教的赫哲族、鄂伦春族等。彝族认为人"老则化为虎"，相信彝族"是虎变的，如果不火葬，就不能还原为虎"。所以有火葬、以虎皮送葬的习俗。在纳西族的婚礼中，巫师要为新娘新郎念经，并且通过绘画的形式，送给新人四件礼物：海螺、花瓶、铜锅和虎皮，这是保护新娘的护身符。

这种由生活层面的虎崇拜、虎信仰的原始观念，融入民间叙事创作，衍生出人变老虎、老虎变人的传奇情节，并不断地被民众传承、放大、接受和传播，成为引人入胜的民间文学作品。

最早的"人化虎"的故事记载于西汉典籍《淮南子》一书中，其《俶真训》篇曰：韩人公牛氏忽然发病，七日后变成老虎，哥哥到屋里打算驱邪，结果被化为虎的弟弟吃掉了。鲁迅《古小说钩沉》里提到的《封邵》是发生在汉代的故事：宣城太守忽然化为老虎，吃掉他管理的宣城老百姓。百姓称老虎为"封使君"，奉劝人"不要做封使君，活着不爱惜老百姓，死了还要吃百姓"。

魏晋南北朝时期的文人，对志怪题材情有独钟，使大量的

汉画像石中虎的形象

民间故事得以文本化保存，人虎易形的故事载于《搜神记》、《后搜神记》、《异苑》等多种典籍中，情节较为简单，如：说有个叫徐桓的人，出门看见一漂亮女子，便上前挑逗，女子也不发火，邀请徐桓上山去。徐桓受美色诱惑答应了。忽然那女子变成一只老虎，把徐桓放在背上，跑向深山。徐桓的家人找不到他，只看到老虎的脚印。十余天后，老虎又驮着徐桓送到他家门口。这个故事中老虎所变女子的形象比较模糊，也没有虎吃人的情节。

在唐代，人虎变形故事大量记载于笔记中，如段成式的《酉阳杂俎》、戴孚的《广异记》、张读的《宣室志》、薛鱼思的《河东记》、《会昌解颐录》等等。故事内容逐渐丰富，情节结构完整且曲折动人，从内容到形式趋于成熟和完整。按

照故事内容有两类。第一类是虎变人的故事，第二类是人变虎的故事。

在第一类故事中，比较有名的是薛用弱《集异记·崔韬》：

书生崔韬来到滁州，晚上住宿驿馆，驿丞劝他不要住，崔韬不以为然住了下来。二更时分，吱呀一声房门开了，钻进一只老虎来。他急忙躲到暗处，看见老虎脱去虎皮，变成一漂亮姑娘上床睡觉。崔韬出去问道："你怎么睡我的床？刚才我看见你是一只老虎，为何变成了人，你是妖怪吧！"那姑娘回答道："公子不要害怕，我因家中贫寒，至今没有出嫁，父亲和哥哥都是打猎的。今夜我知道你在这儿住宿，我没有好的衣服，只好披着虎皮来这儿，希望你不要嫌弃，让我来伺候你吧。"崔韬无端得一美人，自然十分高兴。第二天，崔韬把虎皮扔到后院枯井里，带着她离开了驿馆。

崔韬后来中得功名，带着妻子和孩子到宣城上任。路过驿馆时，到后院看见虎皮还在枯井里。崔韬对妻子说："这个地方就是我们初次见面的地方，你披的虎皮还在枯井里。"妻子笑着说："那你让人把虎皮取上来，让我再装一回老虎给你看看。"崔韬让人取出虎皮，妻子披上虎皮，一刹那变成一只老虎，咆哮着扑向他和孩子，吃掉了他们。

这类故事是一个人和一个由动物变化而来的姑娘邂逅，然后结为夫妻，属民间文学"异类婚配"的类型故事。故事里的男主人公，唐代以前经常是农夫、樵夫、药公或是其他普通劳动者，唐以后多为落魄书生。在这个故事中老虎化作人，最后吃掉了自己的丈夫和孩子，她的形象是有象征意义的，透露出训诫意味。这类故事里的老虎有人的语言、形象与神态，但同时具备老虎凶残、暴虐的动物性。有趣的是，明朝有人就此事还写过一首诗：

> 旅馆相逢不偶然，人间自有恶姻缘。
>
> 书生耽色何轻命，四载真成抱虎眠。

江苏连云港地区流传的"虎皮井"的故事，最早记载在明朝《隆庆海州府志》里，也属"人虎婚配"的异类婚姻故事。故事开头有以男童祭虎的情节，结尾是女主人公找到虎皮，化作老虎而离去。

以上两个虎变人的故事，只不过是古代众多虎变人的民间故事之一，从南北朝"徐桓的故事"到"虎皮井"的故事，总是在不断地演绎、流传，内容不断丰富，情节日渐曲折，成为民间故事重要类型之一。

　　第二类人变虎的故事，在唐人笔记小说中多达六十余则，《太平广记》辑录有《峡口道士》一篇，堪称代表作。此则故事的梗概如下：

　　唐开元年间，峡州峡口一带有虎，每当船只经过此地，必须准备一个人让老虎吃掉，才能安全通过，否则全船的人都要遭受灭顶之灾。久之形成"船过留人"惯例。一天，一船经过，绝大多数乘客有财有势，只有两个人弱小贫困，于是被挑出来供虎食用。第一个被驱遣上岸的人请求把船暂停此处，如果正午他还不能返回再离开。船客们答应之后，他就拿了一柄长斧上岸，进山寻找老虎。在密林深处大石屋里，看到有个道士熟睡于石床，旁边搭有一张虎皮，于是便轻轻地走过去，取下虎皮穿在自己身上；手持利斧站在床前。道士惊醒后索要虎皮，他坚决不给。道士无奈之下道出了实情：自己得罪了上帝，被贬在此地为虎，必须吃掉一千个人才能解脱，现在只差一人就够数了。如果你不归还虎皮，我还得再吃一千人。为了两全，你先上船去找几件旧衣服，将你的头发、胡须、指甲放置其中，同时将头部、四肢处的少量鲜血洒在上面，然后扔在船下，我吃了它就可了结此事。这个人回到船上依计而行，道士在岸边穿上虎皮变成老虎，吃掉沾血旧衣服跑走了。自此，峡口虎患解除，人们都说那个化虎的道士功德圆满、回归天上了。

这则故事具有完整的故事情节，起因——虎扼峡口、船过留人，发展——贫弱者被迫离船上岸，等待为虎所食，变化——上岸者不肯坐以待毙，主动上山寻虎以求存活，结局——化虎道士在虎皮被对方拿走的情况下只好妥协，最终使双方都得以保全，一应俱备，可谓既合情理、又富于传奇。

《广异记》里的《费忠》和《稽胡》等篇与这个故事内容大体相同，特别是故事结尾与《崔韬》很相似。在《稽胡》故事里，稽胡上山打猎，遇一道士，道士本为虎王，上帝命他下山吃人，稽胡也在被吃之列，禳解的方法是："可做一草人，穿上其旧衣，再拿猪血三斗，绢一匹，一并带来，方可逃过一死。"故事中的受害人并没有什么恶行，老虎只不过是奉上天之命来吃人。

这类故事发展到明清，显示出以寓劝惩的风格特征。《西游记》作者吴承恩十分熟知民间故事，在第三十回"邪魔侵正法，意马忆心猿"中，有唐僧被妖怪吹了一口气，变成一只白额吊睛虎，后被悟空变回原形的"人变虎"情节。蒲松龄《聊斋志异》中的《向杲》一篇，讲的是向杲化为老虎，为其兄报仇的故事，故事中借老虎来报仇雪恨，充满着对贪官污吏的切齿仇恨，读后不禁有大快人心之感。

人虎易形是关于虎故事的核心情节，唐宋之后不断流播并载入典籍。宋朝李昉主编《太平广记》，虎故事集中在卷四二六至四三三卷中。明代陈继儒又把各类虎故事总汇为《虎荟》六卷，收虎故事二百一十五篇。清人赵彪诏也大力搜集有关虎的故事，撰有《谈虎》一书。此类民间故事久传于民间，影响较为广泛，一度成为后世作家文学和戏曲创作素材。南宋周密《武林旧事·宋官杂剧段数》记《崔智韬》一本，是从《崔韬》故事改编而来；元代关汉卿《金线池》剧作里也提到

清·武四品官服"虎"补

此故事；清人有白话小说《人虎报》传世。

清·虎纽官印

这类故事所蕴涵的民俗文化特别是一些巫术观念很浓郁，在古代民俗信仰中，虎具有较强的巫术意义和功能。《风俗通义》云："虎者，阳物也，百兽之长也，今人卒得恶遇，烧虎皮饮之，采取爪皮亦能辟恶。"宋代大型类书《太平御览》载《龙鱼河图》，说把虎的鼻子悬挂在门上，子孙可以当官；每年取悬挂的虎鼻的碎屑，"与妇饮之，生贵子，知即不验，亦勿令妇观之"。从民俗文化角度来看，虎皮是人生命的象征，虎皮是施行法术和主人公获得生命的前提和条件。

田螺姑娘

爱情是人类情感生活的永恒主题。在民间口头叙事文学

中，这个话题也是说不完道不尽的。与西方的爱情模式不同，中国民间叙事中很少有那种王子与公主的浪漫故事，而常见的则是追求自然平凡的爱情、男耕女织的田园生活。当然，中国传统的爱情婚姻受封建礼教严酷束缚等原因，现实生活中的爱情理想在很大程度上难以实现，人们就转向超现实，即用幻想的方式，在故事中满足对美好爱情向往的心理。反映在人与动物精灵婚恋的民间故事中，叙事模式一般为：天上的飞禽（或地上的走兽，海里的游鱼）都会变化为贤惠美丽的姑娘，主动和一位善良能干的平凡小伙子建立家庭，期间经历种种悲欢离合，过上幸福美满的生活。其中，"田螺姑娘"就是广为流传的异类婚恋故事之一，早期的代表作见于晋代文学家陶渊明所撰《搜神后记·白女素水》：

　　福州侯官人谢端，父母早丧，无亲眷，为邻人收养。长至十七八岁，躬耕自食。一天，他在水边发现一个大田螺，拿回家中养在水缸。几天后的一个中午，谢端从地里干活回来，远远看见自家房顶炊烟袅袅，到家后热气腾腾的饭菜摆在桌上。起初他以为是好心邻居做的饭，但自后天天如此。谢端于是去感谢邻居，邻居笑着说："你娶了媳妇，又不告诉大家，藏在家里，还假装糊涂。"谢端真是不知怎么回事。第二天一大早，谢端假装出门，中途赶回来在门外偷看，只见从水缸中走出一个漂亮姑娘，收拾好屋子，下灶点火做饭。那姑娘看见谢端向她走来，急忙想回到缸里，却被拦住了。姑娘说："我本是银河里的白水素女，天帝看到你从小没了父母，孤苦可怜，为人诚实善良，就派我来帮帮你，现在被你看见，只好走了。"谢端哀求姑娘留下来，那姑娘说什么也不肯，叮嘱说："我走后螺壳留给你，可在壳里装稻谷，想用多少取多少。"说完风雨大作，螺女不见了。

现在福建闽江有一传说，说螺女不想回到天庭中去，自沉于闽江。后人把闽江这一带叫"螺女江"，人们在江边立了一块碑，上面刻写着"螺迹仙胜"四个大字，以纪念这位好心的田螺女。这个故事在南朝任昉所编《述异记》和唐代徐坚的《初学记》中也有记载，说明在当时是一个流传很广且受老百姓喜爱的故事。从故事的形态来看，已经有很长的流传历史了，在故事的情节发展中，留下了魏晋时期盛极一时的神仙道教信仰印迹。

魏晋以后，"田螺姑娘"故事继续在民间流传，故事的情节越发丰富，人物形象日趋丰满，并增加了与国王、权贵等人进行斗争、夫妻最终团圆等情节要素，使故事更趋现实性。唐代皇甫氏（名不详）所著《原化记·吴堪》讲述道：男主人公

吴堪，和谢端一样也是一个孤儿，在衙门当差时偶然在水边捡到一个白螺。白螺是受天帝派遣而来的，化身一位姑娘为他做饭。前半部分情节与《白女素水》基本一致，但后半部分完全不同：

县令垂涎吴堪妻子的美色，三番五次地想设计除掉吴堪，霸占螺女。先是县令让吴堪去找蛤蟆毛和鬼臂两种东西，螺女找了两种东西应付过去。第二次是县令又让吴堪去找"祸斗"。螺女为丈夫找来了一只像狗一样的动物。县令大发雷霆："我要的是祸斗，这是一只狗。"吴堪肯定说这就是祸斗。县令问："既然是祸斗，它有什么本事？"吴堪说："它吃的是火，拉的也是火。"县令命人拿来炭火，那祸斗一会儿就把火吃完了。不久又把火全都拉出来。县令生气地说："要这东西何用？你把火收拾干净。"忽然，火焰四起，衙门一下子就火焰冲天，县令全家都被烧死，吴堪和螺女也不见了。

《白女素水》中的螺女仅仅是天帝派到人间的一位仙女，她到人间的目的只是完成天帝交给她的任务，从容善良，在她身上看不到抗争的一面。而在《吴堪》故事中，螺女面对县令的百般刁难，不畏强暴，有胆有识，帮助丈夫巧解难题，使恶者搬起石头砸了自己的脚，最后火烧衙门，大快人心。

根据《中国民间故事集成》的福建卷、江苏卷和浙江卷及地方资料统计，"田螺姑娘型"故事约有百余篇。这些故事继承了古代同类故事叙事传统内容，叙事情节和结构基本上保留了下来。分析这些故事的情节，就会发现故事的结局主要分为两类：一类是"分离型"，另一类是"抗争团圆型"。

"分离型"如《白女素水》故事一样，由于男主人公的"偷窥"行为，致使田螺姑娘不得不离开。《中国民间故事集成·浙江卷》收录的《田螺姑娘》讲述道：小伙子偶然拾到一个田螺养在水缸里，田螺化作女子，与小伙子结为夫妻，日子过得和和美美。几年后因孩子想念外婆，父亲随口说："你娘是田螺精，哪来的外婆？"螺女愤然离去。在这类故事中，都有不得偷看女主人公或透露女主人公身份的禁忌，一旦打破这个禁忌，女主人公不得不离开。毕竟人神相隔，这些精灵、鬼魅、神仙原本生活在与人类完全不同的世界中，她们只有变形为人并且在别人没有察觉的情况下，才能和意中人平安和谐地生活在一起。其实，这些行为禁忌或语言禁忌都无法永远被遵守下去，象征性地述说了人类对自身命运的无可奈何，对美好事物不可能永远持有的无奈感慨，也是对美丽幻想破灭的哀叹。

"抗争团圆型"是复合型的故事，即故事后半部分与"画

中人"型故事复合而成。朝鲜族金德顺老大妈讲的《田螺姑娘》情节与《吴堪》相似，但内容融进了时代色彩和社会内容。

小伙子拣到了一只田螺，田螺变成漂亮姑娘，二人成婚，相亲相爱。妻子怕丈夫耽误农活，让丈夫带着她的画像在地里干活，不料一阵风把画像刮跑，落到了国王手里。国王为了得到田螺姑娘，提出要同小伙子比赛下棋、跑马和比武。小伙子一点办法也没有，田螺姑娘不慌不忙地从田螺壳里取出三个宝瓶应对：

比武开始了。震天动地一声鼓响，国王挺着长枪，拍着马，向农夫杀来，后边跟着千军万马。农夫拨转马头，假装逃跑，跑上一个大山包。眼看国王就到跟前了，农夫不慌不忙地掏出绿瓶子，拧开盖儿，朝地上一扔，就听"哗啦啦"一阵响，发起了绿色大水，翻江倒海一样向国王和士兵涌去。国王的兵马一下子就被淹死了一多半儿。以后这个地方就成了鸭绿江。

国王带着剩下的士兵又朝农夫杀来，眼看又到跟前了，农夫又扔出去一个黄瓶子。顿时从黄瓶子里掉下无数个黄米粒子，每个黄米粒都变成了身披黄金甲的大将，举着大刀朝国王的人马杀去，顿时人仰马翻，血流成河，把所有的士兵都杀死了。

可是国王骑的是千里马，跑得快，没有被杀死，又朝农夫追来。眼看就要追上了，农夫把最后一个红瓶子掏了出来，拧开盖儿，朝国王身上一扔，就听"呼啦"一声，小瓶里吐出一股红红的大火，国王变成了一个火人，从马上掉了下来，一会儿就成了灰烬。

国内的老百姓见到农夫把万恶的国王杀死了，拍手叫好，一致拥戴农夫去当国王。农夫当了国王，田螺姑娘当了王后，一个贤明，一个贤惠，天下的老百姓都过上了太平的日子。

正像其他易变形的动物故事一样，"田螺姑娘"是建立在人与动物互变的民间信仰之上的产物。田螺本是水乡物产，螺壳造型精巧美观，亲切可爱，富有灵性，常被人们用来作装饰物。故事中的小小田螺和女性相结合，又与爱情主题相紧扣，形成奇特浪漫的异类婚配故事。螺女遇到种种刁难，面对恶势力的逼迫，无所畏惧，挺身而出，帮助丈夫战胜邪恶，体现了民间"巧女"的智慧光芒与胆识，突出对邪恶势力永不低头的精神和勇气。田螺形象在同类型的故事中，也可以被置换成其他的水生动物形象，例如蚌、鱼、蟹等。如浙江有《蟹精》故事，日本有《鱼妻》故事，其情节、内容和"田螺姑娘"大同

小异。

总之，"田螺姑娘"来自有着浓郁民俗文化土壤的江南水乡，情节曲折，且融进了民间信仰文化因子，具有浪漫主义的奇思异想，是最富有中国农耕文化色彩的、源远流长的民间口头叙事珍品。

狐狸精

民间所谓的狐狸精，又名狐仙，俗称大仙，据说法力高强，可幻化人形。晋代郭璞撰《玄中记》写道："狐五十岁，能变化为妇人，百岁为美女，为神巫。或为丈夫与女人交接，能知千里外事。善蛊魅，使人迷惑失智。千岁即与天通，为

清人绘《兽谱》之"黑狐"

天狐。"在中国民间文化中，狐狸的象征意义颇为复杂，人们对它又敬又怕。

狐狸最早是祥瑞之兽。上古时期，即有狐图腾崇拜，涂山氏、纯狐氏、有苏氏等部族均属狐图腾族。《吕氏春秋》记述，大禹一心治水，年已三十而尚未成婚，行至涂山时，遇见一只九尾白狐，并听到涂山人唱歌："绥绥白狐，九尾疣疣，我家嘉夷，来宾为王。"意思是：大大的白狐啊，九条尾巴长又长。愿你早日结婚吧，子子孙孙永繁昌。是为吉兆，大禹于是娶涂山女为妻。相传涂山女就是由九尾白狐变成的。先秦时期的人们视狐狸为"吉兽"，与龙、麒麟、凤凰等并列为祥瑞动物。在汉代石刻画像及砖画中，常有九尾狐与白兔、蟾蜍、青鸟，并列于西王母座旁，以示祯祥。人们总结出狐狸有三德：毛色柔和，符合中庸之道；身材前小后大，符合尊卑秩序；死的时候头朝自己的洞穴，不忘根本，即"马依北风，狐死首丘"之谓。

汉代之后，狐狸精不再是祥瑞兽了。传说中神奇的狐狸能变形为人，这或许是狐狸成精的雏形。有关狐狸的话语，如狐疑、狐媚、狐臭之类，都是些不体面的、含有贬义的词汇，渐渐成了人们的日常话语。《太平广记》引《狐神》云："唐初以来，百姓皆事狐神，当时有谚曰：'无狐魅，不成村。'""魅"字含义，许慎《说文解字》释为"老物精

唐·双狐纹鎏金银盘

也"。"狐魅"即"狐狸精"。"狐魅"一词的出现，反映出"狐狸精"已作为一个独立的形象存在于人们的意识和民间信仰里。有关狐仙的故事在汉代处于原始发展阶段，其神通魔力有限。到了魏晋南北朝，人们谈论狐仙的话题增多，并成一种风尚。"狐狸精"化作人形，或到处做客吃喝，或上门求娶妻妾，故事中的狐狸开始人化，有了人的感情和智力，变得法力无边，百姓大多信奉狐狸精，人们在家中祭祀狐狸精，希望得到它的保佑。葛洪著《西京杂记》一书，记有古冢白狐化为老翁入人梦的故事。干宝《搜神记》涉及狐的作品较多。故事中的狐仙神通广大，但它们怕狗，遇上狗就会原形毕露；身上有腥臊气，变形后仍留有尾巴等等，依旧摆脱不了自然属性的弱点。

　　唐代是狐狸精故事大为兴盛的时期。戴孚著《广异记》记录有关狐狸精故事三十余篇，其中《唐参军》情节生动，且富有生活情趣：

　　洛阳城思恭里，居住着一位唐姓参军。一日，自称是赵门福、康三的两位客人求见，唐参军怀疑是狐狸精，吃饭时，拔剑刺向赵门福，不中，又刺康三，康三被刺中后，跃入庭前池水。赵门福骂道："我虽是狐，但已修行千年，千年之狐，姓赵姓张，五百年狐，姓白姓康。奈何无道，杀我康三，以后一定报仇，康三不会白死。"赵门福走后，唐参军用桃木熬煮的水泼洒门户，又在上面悬挂符咒，以为平安无事。樱桃成熟的时候，唐参军忽然看见赵门福在园中摘樱桃吃，便大吃一惊，于是到处找法力高强者驱除狐狸精。果有真佛降临，索要好饭菜，唐参军一家殷勤伺候。后来那高人突现原形，原来就是赵门福。唐家又气又怒，后来赵门福再也没有出现过。

　　故事颇有戏剧色彩，幻化的狐狸精先后变化成人，有点儿捉弄唐参军的意味。与南北朝的狐狸精形象相比，人物形象比较丰满，所引谣谚："千年之狐，姓赵姓张，五百年狐，姓白姓康。"把古代的畏狐和崇狐民间观念融进故事，充满了民俗

生活气息和民间文学的韵味。有唐一代，狐狸精的故事大多以道士、法师做法治狐或纵狗捕获狐狸精结束。唐宋以后，在民间流传的有关狐狸精故事的主题多演变为狐狸精幻化成美女，引诱男子。传奇及小说中的妖狐，具有超自然的力量，多数幻化成美貌女子，以色情魅惑异性，谓之"狐媚子"。

既然是狐媚子，其本性就要迷人。魅惑迷人的最佳人选是帝王。按照男权社会的逻辑，昏君之所以昏聩无能，是因为他们身边总有一个或者几个德行败坏、搅乱朝纲的坏女人，因而凡亡国之君，与"狐媚子"有摆脱不了的干系。启蒙读物《幼学琼林》中，就有"三代亡国，夏桀以妹喜，商纣以妲己，周幽以褒姒"的警示教育。夏末帝桀的妃子妹喜，堪称"千古第一狐狸精"。殷纣王的娘娘妲己算是狐狸精的典范，在《封神演义》小说中，妲己是集邪恶与美貌于一身，奉神明旨意惑乱纣王，断送商朝六百年天下的九尾狐狸精。由此，狐狸精又成了红颜祸水的代名词。红颜祸水的观念使狐狸精的性别角色逐渐倾向于女性，在叙事文学作品中，狐狸精逐渐女性化，女狐们诱惑凡人，然后以放纵的性要求，从与她们交合的男人身上偷走生命力。传说狐狸修炼于灵山异水，吸月亮之光华而成精。狐精口中有媚珠，媚人时化为美女艳妇，一副巧笑嫣然、顾盼生情神态，凡夫俗子难免一见生情，痴迷其中而不能自拔，狐狸精逐渐成为"淫荡"之兽。

　　《搜神记》作者干宝借引道士之口说："狐者，先古之淫妇，其名曰阿紫。"把狐狸视为性情淫荡、以美貌迷惑人的精灵鬼怪。民间所谓"狐狸精"一词，是所谓"有生活作风问题"的代名词。用在女性身上，全是贬义骂人的俗语，是指专门迷惑男人的女人。中国几千年的男权社会把女人与狐狸这种无辜的动物结合起来，给不幸的女人戴上了一个枷锁。在生活和文学作品中，诅咒一个女人最恶毒的语言是"你是个狐狸精"。

　　狐狸在民间文化观念中的主吉与主凶矛盾性的看法，实际上是古人对这种动物的两面性认识。人们既恐惧狐狸精作祟害人，又希望得到其神性的佑护，形成了狐狸在民间文化中截然相反的象征。

　　宋明以来，狐狸精的故事发生了急剧的转折，在许多文学作品中狐狸精转变为美丽善良、柔情万种的女主人公形象，它身上的兽行减弱而人性大大增强。明人王同轨所著鬼狐仙道故事集《耳谈》里，讲述了一篇构思奇特的狐精故事：一个大别山狐狸精假冒娇美容貌的马家少女投入蒋生怀抱，引起蒋生同伴怀疑，走时送她一袋芝麻，并事先在袋上弄了个洞，然后沿着芝麻洒落的痕迹追寻，终于在山洞识破狐狸精真相，狐狸精帮助蒋生与马家姑娘喜结良缘。故事中的狐狸精与此前的形象、行为和品行大相径庭。狐狸精没有捉弄、报复蒋生，而是

成全了他的美满姻缘。从这个故事看到，狐狸精由以前作祟害人的异类转变为一个多情多义、善良纯情的形象，其中一些如借携带芝麻来追寻狐狸精的行踪，用山洞里的仙草煎水来治病，医治疾病来促成婚姻等情节，极有情趣，朴实自然而符合现实生活的逻辑。

清代，以蒲松龄《聊斋志异》、纪晓岚《阅微草堂笔记》为代表的笔记小说将狐精故事推向高潮，是集狐仙之大成的文学作品，狐仙、狐精与人的恋爱故事，篇篇精彩，颇具浪漫情调，充满了人性的美德。尤其是蒲松龄笔下的那些花妖狐魅幻化的女子，如婴宁、娇娜、红玉、香玉、青凤、莲香等等，容貌美丽、心灵纯洁，她们的光彩形象令人难以忘怀。

《婴宁》描写的是书生王子服痴心追求狐女婴宁的故事。婴宁性格天真烂漫，肆意言笑，亦憨亦黠，不受任何礼教约束，大胆追求自由幸福的爱情生活。王子服初见婴宁，婴宁"笑容可掬"，又"遗花地上，笑语自去"；二见婴宁，婴宁"含笑拈花而入"；等到鬼姨向王子服引见婴宁，婴宁则更笑得突出："闻户外隐有笑声"，"户外嗤嗤笑不已"，"婢推之以入，犹掩其口，笑不可遏"，"忍笑而立"，"女复笑，不可仰视"，"女又大笑"，"笑声始纵"；然后又在小园，"见生来，狂笑欲堕"，"女笑之作，倚树不能行，良久乃罢"；然后是与王子服同归王家之后，更是笑得惊世骇俗："但闻室中吃吃，皆婴宁笑声"，"母入室，女犹浓笑不顾"，"才一展拜，翻然遽入，放声大笑"，"至日，使华装行新妇礼，女笑极不能俯仰"。作家描绘婴宁形象，浓墨绘就的是"笑"的个性特征，"笑"亦贯穿整个小说。这一"笑"，使人物形神兼备，可谓一笑生神。

　　总而言之，由狐狸精幻化而来的男女角色虚虚实实，亦人亦物，都是现实社会中人类形象同动物本身自然属性相融合的

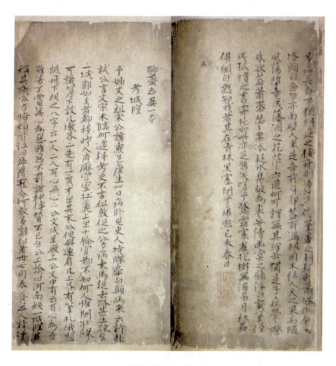

蒲松龄《聊斋志异》手稿

产物。无论是狐狸的民俗信仰，还是幻想虚构的狐狸精故事，都折射了现实生活中的爱情婚姻生活，尤其是人们对美好爱情的期盼与追求。狐狸精的信仰和故事，给我们的生活增添了许多情趣。

狼外婆

"狼外婆故事"又称为"老虎外婆"、"野熊外婆"、"鸭变婆"、"野狐精"、"老妖婆"、"狐狸精母亲"、"秋狐外婆"、"野人婆"等等。故事的主要情节是：妈妈外出，孩子们在家，野兽（狼、虎、熊）或妖精扮成外婆，欺骗孩子，来到家里，夜间和孩子们同睡时吃掉最小的一个。姐姐们逃到门外树上，用巧计把野兽或妖精治死。故事的结局有两种：一是野兽或妖精哄骗年幼无知的小弟或小妹上当而被它吃掉，一是稍稍年长的孩子对野兽或妖精由怀疑到识破其伪装，带领其他弟弟妹妹用智谋除掉它们。

这类故事在我国南北各地区、多个民族中广为流传，深受民众喜爱。由于故事讲述者的年龄、性别、身份、地位和接受教育的不同，在故事具体的情节或细节的处理上，融进了个人对故事的感受和理解，因而在各地区、各民族流传的过程中，产生了大量异文，即故事情节大致相同，但在讲述中带有地域色彩和民族特色。美国民俗学家艾伯哈特在台湾一个区就收集了二百四十一篇《虎姑婆》的不同故事；美籍华人丁乃通所著《中国民间故事类型索引》一书，列有文本一百一十多例。故事中的孩子一般是兄弟三人或姐妹三人，或为两兄一妹、两姐一弟，他们的乳名依次为"门插棍儿"、"门别棍儿"、"钉锦棍儿"，或者"扫帚疙瘩"、"升儿"、"斗儿"等等，寓"看家守门"之意，其中上当受骗的孩子往往是最年幼的。

这类故事最早的文字记载，当属青藏高原吐蕃时期（7—9世纪）敦煌古藏文写卷中的《白噶白喜和金波聂基》前半部分：

白噶白喜小姑娘的妈妈被罗刹吃了。罗刹又变成母亲回到家中。……第二天一早，小姑娘出去放羊，变成妈妈的罗刹便来捉她。她和罗刹围着羊群转。这时过来一头野驴，叫她变成美丽的小孔雀飞走。野驴戴上姑娘的帽子，摇起姑娘的铃铛假装成小姑娘，把罗刹吸引住，然后又设法逃走了。

此类故事出现在汉文典籍中，较早的是清代黄之隽撰《虎媪传》，用文言文记录了安徽歙县地区母老虎装扮外婆害人的故事，叙事风格有着民间口语特征：

　　歙居万山中，多虎，其老而牝者，或为人以害人。有山
甿，使其女携一筐枣，问遗其外母。外母家去六里所，其稚
弟从，年皆十余，双双而往。日暮迷道，遇一妪问曰："若
安往？"曰："将谒外祖母家也。"妪曰："吾是矣。"二
孺子曰："儿忆母言，母面有黑子七，婆不类也。"曰：
"然。适簸糠蒙于尘，我将沐之。"遂往涧边拾螺者七，傅
于面。走谓二孺子曰："见黑子乎？"信之，从妪行。自
黑林穿窄径入，至一室如穴。妪曰："而公方鸠工择木，
别构为堂，今暂栖于此，不期两儿来，老人多慢也。"草
具夕餐。餐已，命之寝，妪曰："两儿谁肥，肥者枕我而抚
于怀。"弟曰："余肥。"遂枕妪而寝，女寝于足。既寝，
女觉其体有毛，曰："何也？"妪曰："而公敝羊裘也，天
寒，衣以寝耳。"夜半，闻食声，女曰："何也？"妪曰：
"食汝枣脯也，夜寒且永，吾年老不忍饥。"女曰："儿
亦饥。"与一枣，则冷然人指也。女大骇，起曰："儿如
厕。"妪曰："山深多虎，恐遭虎口，慎勿起。"女曰：
"婆以大绳系儿足，有急则曳以归。"妪诺，遂绳其足，而
操其末，女遂起，曳绳走，月下视之，则肠也。急解去，缘
树上避之。妪俟久，呼女不应，又呼曰："儿来听老人言，
毋使寒风中肤，明日以病归，而母谓我不善顾尔也。"遂曳
其肠，肠至而女不至。妪哭而起，走且呼，彷佛见女树上，

呼之下，不应。媪恐之曰："树上有虎。"女曰："树上胜席上也，尔真虎也，忍啖吾弟乎！"媪大怒去。无何，曙，有荷担过者，女号曰："救我，有虎！"担者乃蒙其衣于树，而载之疾走去。俄而媪率二虎来，指树上曰："人也。"二虎折树，则衣也，以媪为欺己，怒，共咋杀媪而去。

然而，世界各地的孩子们更加熟悉德国《格林童话》中的《小红帽》：

> 有个人见人爱的小姑娘，喜欢戴着祖母送给她的一顶红色天鹅绒帽子，于是大家都叫她小红帽。一天，母亲叫小红帽给外婆送食物，并嘱咐不要离开大路，走得太远。小红帽在森林中遇见了狼，她因从未见过狼，也不知道狼性残忍，于是把来森林给外婆送东西的事告诉了狼。狼听后诱骗小红帽去采野花玩，自己跑到林中小木屋去把外婆吃了，并装成外婆躺在床上，等小红帽来找外婆时，狼一口把她吃掉了。后来一个猎人把小红帽和外婆从狼肚里救了出来。

"狼外婆"故事不仅在中国各地广泛流传，如藏族民间故事集《尸语故事》的第九章《朗厄朗琼和贾波擦鲁》、东北地

区当代流传的《老虎妈子》；而且是具有世界性的民间故事类型，如法国的《鹅妈妈的故事》、德国的《小红帽》、朝鲜的《日月的由来》、日本的《老天爷的金锁绳》和《姐弟和女妖》等。这些故事不一定有同一个渊源，但都有相同或相似的情节结构。但自从十九世纪德国民俗学家、儿童文学作家格林兄弟，搜集大量民间故事，编辑出版《儿童家庭故事集》即《格林童话》后，世界各国广泛流传。这类故事之所以能在不同的地方流传百年，是因为故事里表达了人类共同的经验、记忆、愿望、恐惧等情感和心理。故事里的小主人公，无论是中国的"门闩儿"、"门别儿"、"门钉锦儿"，还是欧洲的小红帽，都是天真无邪、可爱幼稚又容易上当受骗的孩子。狼外婆则是装扮成慈善外婆的动物或妖精，掩盖其吃人的凶恶本相，想欺骗弱小无知的孩子，最后露出破绽而自取灭亡。

"狼外婆"故事呈现了两个方面的教育意义。一方面是通过故事的讲述，教育儿童要听从父母的话。在故事中，父母总是三番五次地叮嘱孩子们要"好好看守家门，别让生人进来"；"好生看家，把门窗关好，山沟里野物多，当心闯进家门"；或者叮嘱大孩子"好好带弟弟妹妹在家，关好门窗，早早吹灯睡觉，别让外人进家门"。这是民间故事中常见的叙述话语和情节结构，父母的话就是一种语言禁忌，要么遵守禁忌，要么打破禁忌，打破禁忌便是一种严重的结果。中国传统的教育观念，父母的意见总是对的，不听从父母的话，自行其是，往往造成悲剧。《小红帽》也是如此，小红帽和外婆被狼吃掉，就是因为她没有听母亲的话，警惕性不高，上了老狼的当。在现实生活中，通过讲述这类故事，教育孩子明辨是非、增长人生经验。另一方面，"狼外婆"故事主要侧重教育儿童识别伪装的恶人，培养看家守门的能力。家庭是民众生活的中心，故事中"好好看家"、"不放生人进门"等，旨在培养儿童树立家族亲情关系，这是中国传统的宗法制家居规范中重要的民俗启蒙内容之一。

"狼外婆"这种类型化的故事之所以是老虎变人者较多，是与中国古代文化中的虎信仰、人与虎变形观念分不开的。虎人易形的民间故事的信仰背景，来自上古时期的虎图腾崇拜。关于虎的故事，有义虎型、化身型、恶虎型和其他型等，毫无疑问，不论是义虎、情虎还是恶虎，都来自于民间生活，都是老百姓对现实生活的认识和表达，也是对民间文化即自我文化的理解和传承。老虎是勇猛威严的动物，是占据一方的"山大王"，凶猛残暴，恃强凌弱，对人类充满危险性，人们一方面借它的特性作比喻，去骂那些凌弱暴寡、为害一方的贪官污吏和官府的苛政；另一方面在现实生活中，人们将它视为大害而欲除之。武松在景阳冈打虎而成为英雄，周处除三害而改过自新，足见"大虫"受人厌恨。然而老虎又是民间的吉祥物和保

护神，人们相信小孩子穿着虎鞋、虎帽可以驱邪避凶。它既是瑞兽也是凶煞，此种矛盾意象，正是中国特有的虎文化现象。反映在民间文学中人虎变形的故事，亦显露出中国人对老虎又爱又恨的错综情感。

白蛇精

蛇是动物界中的古老动物之一，它的进化史已有上亿年的历史。在西方文化中，蛇是狡猾、邪恶和教唆的代名词。《圣经·旧约》里讲道：

上帝用七天时间创造整个世界，造人，是上帝最后的也是最神圣的一项工作。在第七天上帝使用泥土创造了亚当，但亚当是孤独的，上帝决心为他造一个配偶，便在他沉睡之际取下他一根肋骨，又把肉合起来造成一个女人，取名叫夏娃。他们是中东和西方人传说中人类的生命之初，是人类原始的父亲和母亲，是人类的始祖。上帝在东方的伊甸，为亚当和夏娃造了一个乐园，有植物、河水，还有生命树和分别善恶树。上帝让亚当和夏娃住在伊甸园中，修葺、看守这个乐园。并吩咐他们说："园中各样树上的果子你们可以随意吃。只是分别善恶树上的果子你们不可吃，因为你吃的日子必死。"

但夏娃受魔鬼（蛇）的引诱，不顾上帝吩咐进食了"知善恶树"的果子，又让亚当吃了。偷食禁果被认为是人类的原罪及一切其他罪恶的开端。根据魔鬼（蛇）所说，吃了禁果后，便能如上帝一样拥有分辨善恶的能力。起初他二人赤身露体，并不羞耻；吃过禁果后，害怕被看见赤身露体，便拿无花果树的叶子作衣服。上帝对蛇、男人及女人处以惩罚：蛇"必受咒诅"，从此要用肚子行走及终生吃土；后裔要与女人的后裔彼此为仇，女人的后裔要伤它的头，而它则要伤她们的脚跟；女人怀胎的苦楚加增，生产时要受苦楚；要恋慕丈夫，及被丈夫管辖；男人则要受诅咒，要汗流满面才得糊口，直到他归了土；从此需终身劳苦才能从（田）地里得到食物，而地会长出荆棘和蒺藜；为防他们再摘取及进食生命树的果子以获永远生存，把他们赶出伊甸园。

在《圣经》中的"蛇精"，是上帝所创造的动物当中最狡猾的，因为唆使人有了性爱与智慧，是邪恶、狡猾、卑鄙者的同义语。以后众多的文学艺术里，蛇意象都带有《圣经》神话的烙印。如艾丽丝·沃克在《紫色》中，使用"蛇"来比喻她笔下第一个新的黑人女性梅里迪安；康拉德在小说《诺斯托罗莫》中，运用蛇的原型意象来表达完美世界与堕落世界概念；

高尔基的《鹰之歌》则把蛇写成是一个市侩、狠毒而狡猾的形象；美国著名导演克雷格·布瑞维尔2006年出品了一部轰动影片《黑蛇呻吟》，也把蛇和邪恶、诱惑、堕落联系起来。

但在中国传统文化中，蛇并不是像西方那样成为邪恶、狡猾的代名词，而是对它既充满敬畏又加以崇拜。生活在闽越一带的古越族，远古时期就把蛇作为自己的图腾。在神圣的神话叙述中，从开天辟地的盘古到人类始祖女娲、伏羲，人文初祖轩辕黄帝，均是"人首蛇身"形象；尧的母亲庆都与赤蛇合婚生尧；夏为龙族，夏后氏蛇身人首……众多蛇的形象与人的形象结合在一起，说明在古人的观念中，蛇属于自己身体的一部分，人就是蛇，蛇就是人，形成了强烈的蛇崇拜，至今民间还保留着一些对蛇的信仰与崇拜风俗。如在泉州、莆田等地，人们禁忌打杀蛇，一旦蛇进入家门，主人会赶紧在家门口烧纸钱，一人拈香在前，口中念念有词："土地公请出"，另一人在后用扫帚驱赶"蛇神"离开房舍。莆田山区还有一种四脚蛇，无毒，不咬人，百姓说这种蛇是土地公养的，绝对不敢伤害它。晋南一带认为蛇是仙，相信它会福佑人间，见了它，大吉大利，福利双至，一般要恭敬相送，或用泥土盖住，或放到庙堂之中。在清明和春节蒸的供献上都盘有蛇像，口中含有红枣，供在祖坟或财神、灶王爷之上，祈祷多福、多寿，多子。吕梁一带，蛇一直被认为是财神，碰到蛇就意味着要发财。一些地方还认为蛇就是太岁，如果盖房子挖土挖出了蛇，要把它赶紧放进酒中，目的是要让太岁醉了，不至于动怒耍威风。

对蛇的崇拜还直接反映在民间传奇故事中。汉代李膺《益州记》记载：邛都县有位很贫穷的老婆婆，每当她吃饭的时候，就出来一条头上长角的小蛇，老婆婆就喂给它点儿饭。后来这条蛇越长越大，长约一丈。有一天，县令的骏马被那条蛇吃掉了。县令大怒，责令交出蛇来，老婆婆说在床下。县令让人去找，掘地三尺也没有找见。县令迁怒于老婆婆而杀了她。那条蛇回来后说："为何要杀了我的母亲，我一定要为母亲

唐·人首蛇身的伏羲女娲像（绢画）

报仇。"以后每天夜里，都能听到大风和雷声，四十天后的晚上，邛都县城方圆四十里下陷为湖泊，人称"陷湖"。《搜神记·窦氏蛇》讲道：后汉窦奉妻子生下儿子的同时，还生下了一条蛇。窦奉把蛇送到了野外。后来窦奉妻子死了，将要安葬时，一条大蛇从林中出来，爬在棺材前，用头击打棺材，头冒鲜血，眼泪直流，久久才离去。人们想这条大蛇是来祭奠母亲的。

这两则故事流传于汉魏时期，传承了先秦时期人们对蛇的崇拜，故事里的蛇有着自身的自然特性，更有着人性特点，是孝子形象，一个是为母报仇，一个是对亡母伤心不已。它们的文化属性是积极的。

在民间故事中，有"人心不足蛇吞相"的故事。故事的内容大致是：一樵夫（或货郎）无意间救了一条蛇，把它养大（或放生），蛇答应樵夫，若日后有困难可到山中来找它帮忙。樵夫为满足自己升官发财的贪欲，几次三番地向蛇索要宝物，蛇一一满足了樵夫的要求。后来蛇为报答救命之恩，挖出自己眼睛给樵夫，蛇的眼睛是两颗大夜明珠，樵夫把它们献给皇帝，当上了丞相。樵夫还想当国王，向蛇索要心或肝胆，蛇把樵夫吞吃了（或蛇被疼死，樵夫葬身蛇腹）。在有些故事里，蛇变成了人的形象：郎中救了蛇的命，蛇为了报答恩情，就变成了一个姑娘和郎中结为夫妻，生下一个儿子。郎中为了做驸马，狠心地揭下蛇妻身上的鳞片去给皇姑治病。郎中抛弃了蛇妻和儿子，当了驸马。一天，皇帝生病了，张榜说谁能治好病就让他做宰相，郎中又赶去挖蛇的心肝，蛇妻怒而吞食贪心不足的郎中。这两类故事中，都以蛇的报恩而展开，始于男主人公的好心有好报，结束于恶德有恶报，强调"滴水之恩，当以涌泉相报"的道德训诫，反对贪心；同时鞭挞自私、残忍、恩将仇报的行为，体现民众"善有善报，恶有恶报"的道德观念。

如前所述，"狐精"、"鱼精"、"田螺姑娘"、"虎妻"、"天鹅处女"等"异类婚配"故事中的动物，一般变形为女性，和凡间男子结为夫妻，浪漫而富有传奇色彩。而由蛇精变化成人的，有女性，也有男性。蛇郎型故事，又称"灵怪故事"，也是深受民众喜爱而广为流传的故事。其基本情节是：某个农民干活时得到蛇的帮助，答应将一个女儿嫁与蛇，大姐、二姐都嫌蛇郎君既贫且丑，不愿嫁，只有小妹妹体谅父亲，愿意嫁给蛇郎。小妹嫁与蛇郎后，蛇郎变成英俊青年，夫妻生活十分美满。大姐出于嫉妒和贪心，想法害死小妹，冒充蛇郎妻子。小妹先后变为小鸟、枣树等动植物，不断揭露和惩治大姐，并最终复活，与蛇郎团聚。大姐的丑行败露后被赶走或羞愧自杀。故事中的蛇蜕去蛇皮，变形为美男子，富有而情意深重，神奇而忠贞于妻子，由此生发出包含人生磨难的矛盾

纠葛，看似荒诞而引人入胜；小妹与蛇郎的婚事，是由父亲做主许婚、由蜜蜂做媒，完全遵从"嫁鸡随鸡，嫁狗随狗，嫁给老蛇坐地守"的传统奉命成婚的礼俗，她为捍卫自己人生权利不屈不挠的精神，牵动人心，极富感染力，表达出传统中国女性对美好婚姻生活的追求与憧憬。这类故事与田螺姑娘型故事有区别，即男主人公为异类所变之人，女主人公为姐妹，围绕姐妹间的善恶、美丑矛盾而展开情节。故事中的大姐形象一般贪婪、自私、险毒，妹妹则勤劳、诚实、善良，勇于自我牺牲。

蛇没有四肢却爬行飞快，扭动长身时鳞片花纹能在阳光下闪闪发光，诡异的眼睛加上频频吐信的舌头，平素给人以冷酷无情的感觉。绝大多数人均认为蛇只有丑陋可怕，而没有可人之处，然而它一旦成了精，变成宛若天仙下凡般的美女，令凡间男子尽皆拜倒。被称为中国四大民间传说之一的《白蛇传》故事，是以蛇精化身作题材的作品，许仙与白蛇精化身的白素贞的爱情故事，家喻户晓，人人爱之。故事内容大致如下：

　　白娘子与小青从峨眉山下凡到人间杭州，清明节游西湖遇雨，店伙计许仙以同舟借伞相识，白娘子以还伞为名，定情许婚。因婚聘盗银，连累许仙，发配苏州，二人先后在苏州镇药店谋生。许仙在金山寺烧香，遇法海和尚，说他面带妖气，叫他端午节劝白娘子喝雄黄酒。白娘子酒后显形，吓死许仙。白娘子到昆仑山盗仙草救活许仙。法海又将许仙骗到金山寺还愿，加以扣留，劝其落发为僧。白娘子前往索夫，怒责法海不讲情理，水漫金山。败后，再与许仙断桥相会，和好如初。法海狠心再去加以破坏，将白娘子镇于雷峰塔下。后小青入深山修炼回来，毁塔救白娘子，与法海斗，被罚躲在蟹壳里。

把蛇与女性联系起来，是中国人的古老观念，隐藏着华夏民族的图腾崇拜心理。神话中的女娲抟黄土造人、补天安民，还掌管人间婚姻之事，就是这样一位伟大的神母，其形象为"人首蛇身"。在《诗经·小雅·斯干》中有"惟虺为蛇，女子之祥"之句，意思是梦见蛇是生女孩的征兆。《白蛇传》是蛇精化身为人的异类婚配故事的代表作之一。故事的起源，一说起源于唐传奇《白蛇记》和民间巨蟒故事；一说起源于《西湖三塔记》。明代由冯梦龙整理成话本小说《白娘子永镇雷峰塔》，清代的方培成把它改写成剧本《白蛇传》。这部作品所传播的是至真、至善、至美的思想，白娘子是人间男子期待的典型的贤惠妻子形象，她对爱情的真挚追求以及顽强的牺牲精神，让无数人为之感动赞叹。至今，这个传说故事还不断被拍成电影、电视剧，编排成多种戏剧，深受人们喜爱。

　　白娘子虽是由蛇精转化为人的异类，但她的形象光彩夺目，对自己爱情和婚姻所表现出来的主动坚贞和勇敢顽强，为了捍卫自己的权利和尊严，面对法海的种种刁难与高压，不懈斗争的精神，受到民众的广泛赞扬，也受到研究者的高度评价，正如民俗学家刘守华所评价的："女主人公虽是由白蛇精幻化而成的女子，却美丽贤淑，同自己钟爱的丈夫和谐地生活在一起，丝毫没有祸害他人的罪恶行径与企图。她们或因自己不慎，丑陋形体被别人窥视，或由于得道者的无端加害，最后只得离开人世。人们对其悲惨的命运不能不寄予同情和惋惜。"白娘子是所有异类婚配故事里"一个闪烁着近代民主思想光华的妇女形象"。

第四章

象征性强的动物

在漫长的人类文明活动中，人与动物彼此关联，成为密切的朋友。随着人们对各种动物习性了解的不断加深，很多动物被赋予了独特的象征意义，通过特定的语言、民俗等等，反映着人们对于世界的认识、对于生活的理解，动物也以这种独特的方式为人类社会的发展做出了贡献。

四方四灵

对于现代人来说，东、西、南、北方位的识别是最简单不过的常识了。但是上古先民对大地方位的认识是由二维、四维、六维、八维乃至全方位一步步地发展起来的。到了殷商初期，人们初步确立了四方的观念。四方方位确立起来后，进一

步构拟方位的象征，即每一个方位都要找到一个具有象征色彩的植物、动物或神灵来表示。古文字学家胡厚宣在二十世纪四十年代曾发现甲骨文中关于四方风的刻辞意义，体现了商代人们用四个不同方位类型的风来确立四季的思想，并结合《山海经》、《尧典》中有关的资料进行了考释。《山海经·大荒经》中的四神和四凤（风）就是商代所祭祀的四个方位神（季节神）和四位风神。这四神与四风神的名字分别是：

东方日折，来风日俊；南方日因，来风日民；

西方日夷，来风日韦；北方日鹓，来风日□

在长沙子弹库出土的《楚帛甲书》中，有寓五行色彩的四棵树，结合帛书全篇分析，应是以青、赤、白、黑四色命名的四神，代表天地四维，古人一般称为"四隅"。因此，和甲骨文四神一样，楚帛四神一身兼有双重神格，即方位神和时间神。这是古人用植物作为四方神灵的古代象征体系。

在传统的五行学说形成过程中，古人将五色与五种自然物质结合起来，根据这五种物象本身所具有的色彩，五行可以用五种颜色加以表示，即木为青色、火为红色、金为白色、水为黑色、土为黄色。与五色相对应的方位，东方为木、南方为火、西方为金、北方为水、中央为土。在五行思想中，这四个方位也可以用动物来指称：东方青龙、西方白虎、南方朱雀、北方玄武，这就是动物"四灵"。《礼记·曲礼上》云："行前朱鸟而后玄武，左青龙而右白虎。"唐代经学大师孔颖达解释说："朱鸟、玄武、青龙、白虎，四方宿名也。"

动物"四灵"传承了先秦四神象征系统中东方属春、南方属夏、西方属秋、北方属冬的传统意识。人们又将五行、五色、五方（后来黄帝的地位被极度提高，于是又找了个动物黄狐作为皇帝所居中央的神兽的象征，但是，在民间却没有得到民众的认可）与四方、四季相结合，形成如下关系：

东方：春、青、木、青龙、青帝；

西方：秋、白、金、白虎、白帝；

南方：夏、红、火、朱雀、炎帝；

北方：冬、黑、水、玄龟、黑帝；

中央：黄、土、黄狐、黄帝。

由四方风神、植物神到青龙、白虎、朱雀、玄武四个动物神，四方神灵大致形成，故有"天之四灵，以正四方"之说。民间所说的"四灵"实际上包含了两方面的意思：一是指五行中所辖东、西、南、北四个方位和春、夏、秋、冬四个季节；二是指四个具有神性、能给人带来祥瑞的动物神灵。这种信仰

民俗，就是所谓的"象物"。

前已述及，龙是一种吸收了许多动物形象中最神奇的部分组合而成的神物，人们都很熟悉龙的形象，但是谁也没有见过龙的真正面目。人们想像它是通身鳞甲，长着牛头、鹿角、虾眼、鹰爪、蛇身和狮尾的动物。龙不但能在陆地行走，也能在水中游弋，在云中飞翔，充满了无穷的神力。《说文解字》释龙曰："龙，鳞虫之长，能幽能明，能细能巨，能短能长，能大能小，能升能隐，大则兴云吐雾，小则隐介藏形；升则飞腾于宇宙之间，隐则潜伏于波涛之内。"几千年来，封建帝王把它当作权力和尊严的象征，普通百姓也认为它是

苍龙星座图（汉画像石）

美德和力量的化身，是吉祥之物。以色彩和方位而言，龙指青龙，青色即苍色，所以又称"苍龙"；东方为青色，故占东方的龙称"青龙"，代表春天，灵物"青龙"代表了春天的勃勃生机、万物生长之气。

虎为威猛的百兽之长，是传说中有降服鬼物能力的神兽。相传五百岁的老虎毛色会变白，唯有当政的帝王广施"德政"，才会出现白虎。白虎既是战神、杀伐之神，又是具有避邪、禳灾、祈丰及惩恶扬善、发财致富、喜结良缘等多种神力的保护神、吉祥神。白虎为西方之神，西方在五行中属金。金配西方，为秋，秋季是冷暖交换的时节，西风频频，秋高气爽，不久万物枯萎，大地

朱雀、白虎图（汉画像石）

萧瑟。古人认为西方是太阳照不到的地方，秋天有肃杀之气，故顺应天意，按天时行事，行刑亦多于秋季，称之为"秋决"。

朱雀在汉代又称为"朱鸟"，另有玄鸟、青鸟、鹙鸟、赤鸟等别名，即凤凰，它是集合了诸多鸟类形象而构成的华夏民族的复合图腾。先民们在宗教祭祀活动中，对于禽鸟沟通天地的神异功能，有无比尊崇和敬畏心理。《山海经·大荒西经》曰："有五采鸟三，名一曰皇鸟，一曰鸾鸟，一曰凤鸟。"郭璞著《山海经·图赞》说凤凰之纹有五种象征："首文曰德，翼文曰顺，背文曰义，腹文曰信，膺文曰仁。"凤凰出现于世，象征着国泰民安、祥和安宁。所以秦汉以来，有关凤鸟见、凤鸟至、凤凰来仪的记载屡屡见于史书文献，用来宣扬太平盛世的祥瑞。凤鸟为百雀之王，为南方赤色的代表。它以奇异神圣的形象和尊贵地位、致使天下安宁的祥瑞，受到人们的无比崇拜。

玄武的本意为玄冥。在古代汉语中，武、冥音通，故又称玄武。冥，即阴之意；武，即黑之意。玄冥起初是对龟卜的形容。龟甲为黑色，龟卜就是请龟到冥间去向祖先请示答案，可知玄武就是龟。一般图案上玄武是由龟和蛇组合成的灵物，古人敬蛇，并祈祷如龟寿般生命不息。有人认为，玄武很可能是上古时期的一种形貌极似龟蛇相缠的龟，随着环境气候变迁，这种龟逐渐消失，后人难得一见，故误以为是龟蛇二物。据侯玉明《湖南石门的蛇龟合体动物》（载《江汉考古》1986年第3期）一文介绍，湖南常德石门博物馆驯养一种蛇龟，五条金黄色的蛇盘旋在龟背上，与龟形成一体。每条蛇的头尾分别藏在龟身的不同部位。龟为黑色，蛇身鲜明发亮，石门博物馆标名蛇龟，是世界上罕见的珍奇动物。玄武极有可能就是这种蛇龟。此种看法权且是一家之言吧。

龟者，贵也，玄冥是长生不老、富贵和权力的象征。最初的冥间位于北方，北方为冬，有着收藏之象。冬季来临，花草树木不再繁盛，许多动物应时而眠，故而玄冥又成了北方之神。玄武被后世的道教吸收后，升级为北方真武大帝。真武大帝又称玄天上帝、玄武大帝，道教徒极为尊奉，视玄武为北方的护卫神之一。东晋葛洪《抱朴子·杂应》称老君李聃"左有十二青龙，右有二十六白虎，前有二十四朱雀，后有七十二玄武"为作护卫。道经称真武为净乐国的太子，后入武当山修行得道，被封为玄天上帝，早期象征玄武的龟蛇被当作真武手下的龟蛇二将，是真武得道时脱离凡胎留下的内脏所化。又称真武为老君的第八十二次化身，甚至说真武和老君一样，无世不出，被提到一个极高的地位。而唐宋以来的专制君主们视真武大帝为战神和皇朝的守护神。相传明成祖朱棣起兵夺取皇位，曾得到了真武大帝的暗中护佑，真武的地位被提高到了最顶峰。

　　有人认为，"四灵"即"四象"。"四象"亦即青龙、朱雀、白虎、玄武，与古代天文季节有关。殷商之时，人们就把春天黄昏时出现在南方的若干星星想像为一只鸟，把东方的若干星星想像为一条龙，西方的若干星星想像为一只虎，北方的若干星星想像为龟蛇形象。二十八宿体系形成以后，每七个星宿组成上述一种动物形象。到了春秋战国时期，五方配五色的说法流行后，四象也就分别配上了颜色，成为东方青龙、南方朱雀、西方白虎、北方玄武（龟蛇），同时代表了春、夏、秋、冬四季和东、南、西、北四方。

　　"四灵"在中国传统风水文化中，有特别重要的意义。民间俗信，修屋建房事关子孙兴旺富贵、家庭安康，定要选块 "前朱鸟而后玄武，左青龙而右白虎"的风水宝地。在民众观念中，东方是"青龙直耸如笔峰，应试及第振家风。青龙圆圆形势好，便唤玉盆可聚宝"；南方是"朱雀耸立俊秀峰，金榜题名庆高中。朱雀清傲如高廉，此宅有女胜红莲"；西方是"白虎内抱如弯弓，世世代代出三公。白虎弯弯带生气，活计不虑年年进"；北方则是"玄武丰厚如华盖，文武耀里传世代。玄武盘顾转回龙，依靠禄俸家业宏"。民众把这种象征体系和民间信仰，创造性地运用于生活实践中，得到了合理而又自我满足的解释。

　　在民间信仰体系中，动物"四灵"还有一种说法，这就是青龙、凤凰、龟和麒麟。在这个体系中，麒麟代替了兽中之王的白虎，在《礼记》中列"四灵"之首，为百兽之先，传说它性情温善，不履生虫，不折生草，头上长着独角，角上生有肉球，设武备而不用，被称为仁兽。《说文解字》曰："麒，仁兽也。麋身，牛尾，一角。"后来麒麟的形象多有变化，"麋身、牛尾、马蹄"，斑纹变成麟片，鹿马之身变为狮虎身形，头尾变成龙形，独角改为双角。明代的麒麟形象变得更复杂，夏元吉《麒麟赋》说麒麟："丰骨神异，灵毛莹洁，霞明龙首，去拥凤臆。星眸眩兮昆耀，龟文灿兮煌熠。牛尾拂兮生风，麋身动兮散雪，跳马啼兮香尘接腕，耸肉角兮玉山贯额。"麒麟不是现实中存在的动物，而是古人集合鹿、马、牛、羊、狼等动物多元融合而产生的神物。

麒麟含仁怀义，品行高洁，有兆示祥瑞的神性。古人甚至出于某种政治目的，把麒麟与王者政治联系起来，麒麟的出现成了国泰民安的兆头。《淮南子·览冥训》曰："昔者黄帝治天下，凤凰翔于庭，麒麟游于郊。"说的是当在位的君王以德治国，以至国泰民安时，麒麟等就会出现，而其出现是上天对人间太平景象的预示。正是由于有这样的象征意义，中国古代封建统治的时代，各地上报出现麒麟的现象层出不穷，而帝王们都乐意把麒麟看作是太平盛世的象征。公元前122年冬天，传说汉武帝幸雍祠五畤，获白麟，群臣以为兆示祥瑞，武帝大

喜,作白麟之歌,建麒麟阁,又把原来的年号元朔改为元狩,
以庆吉祥。又传宋太宗获得麒麟,满朝文武皆来称贺。麒麟有
灵性,又是仁义之兽,古人把它作为贤者的代称,西汉名相萧
何曾在长安未央宫修筑麒麟阁,作为接待、选拔贤才的地方。
汉宣帝"思股肱之美,乃图画其人于麒麟阁上",即把霍光、
赵充国、丙吉、苏武等十一功臣的形象绘挂于阁内,以表彰其
卓越的功勋,同时供后人祭祀瞻仰,所谓"功成画麟阁,千古
有雄名"。能够存名麒麟阁成为一种荣耀,人们自然将麒麟与

元大都城双凤麒麟石雕

身居高位、既富且贵联系起来。

自唐代开始，舆服制度逐渐完善，出现麒麟纹样的朝臣服饰。武则天执政时，命将麒麟纹饰绣于朝服，名曰"麒麟袍"，专门赏赐给三品以上的武将穿用。大诗人杜甫写有"今代麒麟阁，何人第一功"的诗句。然而民间更虔诚的是"麒麟送子"信仰，认为麒麟是无种而生的神兽，是稀世珍物，专门负责向人间送子，凡是不孕不育妇女，无不顶礼膜拜。麒麟现形为生育德才贵子的征兆，故父母希冀儿女聪颖多慧，多以取名，这与民间流传的"麟吐玉书"故事有关。晋人王嘉所著《拾遗记》中记载，孔子诞生的那天晚上，有麒麟降临在孔府阙里人家，吐出玉书，上写"水精之子孙，衰周而素王"十个字。苍天所降之圣书，暗示了孔子为非凡圣贤之人，是自然造化之子，他虽未居帝王高位，却有帝王之德行，堪称"素王"。由此传说引申出"玉书三卷"，说孔子精心研读后成为圣人。

因为麒麟曾"送来"过孔子这样的圣贤之人，人们相信麒麟既可以送子，又可以佑子。以"麒麟送子"为主题的民俗文化现象不仅见于图画、祝祷之语，而且也见于岁时活动，表现形式十分广泛，意在祈求早生贵子，子孙贤德。民间版画《麒麟送子》的吉祥图案中还多配"天上麒麟儿，地下状元郎"的吉祥联语。

南牛北马

中华广袤的大地上生活着不同的民族，由于所处地理位置不同，生产生活方式不同，形成了迥然不同的南方稻作文化和北方游牧文化，人们所说"南牛北马"就是在不同自然环境中生成和发展起来的两种民俗文化。

在以农业为主要生产方式的地区，牛是最为得力和重要的畜力之一，自春秋以来发明的"二牛抬杠"农耕生产技术，一直传承于今。在传统农业社会，牛有很高的地位，受人善待和尊崇。许多民俗活动都与牛有关系，表达了人们对牛的敬意。早在周代，就有"鞭春牛"的开耕仪式活动，先秦典籍《礼记》记载，鞭打春牛在春季吉

牛耕图（汉画像石）

日举行，届时周天子亲率公卿、诸侯及大夫，带着耒耜农具到田间，亲自耕种，行开耕大礼，宣告春耕生产开始。宋代高承《事物纪原》曰："周公始制立春土牛，盖出土牛以示农耕早晚。"这项仪式一直持续到清代，迎春示耕礼由皇帝亲率文武大臣在地坛举行。

而在地方，"鞭春牛"仪式大多由县级官员主持。在立春前一日堆土为牛，土牛胎骨用木条，上蒙草席，外敷泥土，牛身高四尺，长三尺六寸，头至尾长八尺，尾长一尺二寸，牛肚里放置五谷，外饰彩纸。土牛旁边站着芒神，牵牛或驱牛而行，象征木帝督促春牛努力耕作，预示丰收。仪式举行时，县官提前沐浴更衣，身穿素服，不乘轿不骑马，亲率吏民步行至县城东郊。沿途护送芒神的队伍敲锣打鼓，乡民执春鞭，争打春牛，祈求新岁丰收。到达设定地点后，由县官用特制木犁示范犁地开耕动作，口中念"一犁风调雨顺，二犁国泰民安，三犁六畜兴旺，四犁五谷丰登"数句后放下木犁，抽打土牛数鞭。这时要观察土牛颜色，如果呈红色，预示当年雨水少，需要防旱；如果呈黑色，预示当年雨水多，需要防涝。土牛被打碎后，众人蜂拥而上，争抢泥块和牛肚内的五谷，然后撒进自家的田地和畜栏，据说能使人畜两旺和作物丰收。传统的小农经济在安宁环境下依赖自然的风调雨顺，一旦发生灾害，抵御能力甚是微弱，人们对一年收成的丰歉无法预料，为表达强烈

的丰收愿望，可能做到的就是提前举行种种仪式并作预测。大家据此会尽力做好一年的农事安排，精心搞好耕作技术的各个环节。举行完隆重的开耕仪式，便是一系列的播种、浇灌、除草等田间管理程序，争取春种一粒秋收万颗。

地处南方丘陵山地的农民，对牛有着非凡感情，千百年来一直保持着敬牛护牛的古朴之风。

牛魂节又称牛生日、牛王节、脱轭节，是壮族、汉族、布依族、瑶族、侗族、土家族、仡佬族等民族的传统节日，一般在每年农历四月初八（六月初八或八月初八）举行。传说这一天是牛的生日，但凡民间养牛人家都要庆贺。这天，家家户户要把牛栏修整一新，清除牛栏内的粪便，撒上石灰，保证栏干草足；给牛放假一天，好让牛愉快地度过它的生日，不让牛犁田耙地，免除一切劳役，绝对不能打牛，如果打了牛，把牛魂惊走，就会影响农事生产；蒸制五色糯饭，用枇杷叶包裹喂牛，把牛喂饱后，全家人才吃节日饭；村中宿老们对全村的牛作一番评头品足，并告诫各家爱护耕牛。有的人家炮制甜酒或杂粮酒，在酒里敲几个鸡蛋，用竹筒喂灌耕牛；更有细心人对牛精心护理，用篦子梳去牛虱，用茶油擦涂牛身伤口，使耕牛保持强健体魄和持久精力。有的地方还在堂屋中央摆上酒肉瓜果供品，由家长牵牛绕着供品边走边唱，以赞颂和酬谢牛的功德。

唐·韩滉《五牛图》

浙江宁海把四月初八这天叫浴牛节、牛王诞。这个节日的来源，有民间故事曰：盘古开天不久，凡间种的丝瓜藤秧一直长到天宫，人们常攀藤上天游玩。玉帝知道后很生气，下令斩断瓜藤，把天宫升到九霄云外，又命牛王星取来百草籽，洒在人间。结果人间成了荒草世界，民不聊生。牛王星闻听百姓的痛苦哭喊，感到内疚，便在四月初八那天背着天犁翻耕。从此，大地又长出了庄稼，人们安居乐业，重新有了欢声笑语。玉帝知道此事，惩罚牛王星永远留在凡间，过吃草耕地的清苦生活。人们感激牛王星，就把它下凡的那天定为牛生日，每年定时庆贺，就像祝贺人的生辰那样对待耕牛。

贵州的苗族、侗族和黎族等十分喜爱牛，素来有斗牛的习俗，不过斗法不同，黎族是人与牛斗，侗族却是牛与牛斗，一

般都在秋收之后至次年春耕之前举行。每月的亥日是侗乡斗牛的日子，一个月有两个亥日，就要进行两场斗牛。在哪个场地斗牛，由各寨的寨老协商决定。双方斗牛队伍选出斗牛，在相距十至二十米的地方，把牛放开。两牛相见，斗性勃发，疾步猛冲，用牛角顶撞。或一斗见分晓，或势均力敌相持。陷入僵局时，为了不使牛死伤，斗牛主派出十来个胆大机智的壮汉，敏捷地用粗绳套住牛后腿往后拉，停止角斗。平局不伤牛，双方皆大欢喜；若分出胜负，获胜一方会狂喜高呼，吹芦笛，鸣铁铳，放鞭炮，敲锣打鼓，给牛披红挂彩。

贵州台江县的斗牛节是苗族古村落的传统节日，每年农历九月二十七至二十九日举行，俗称"牛打架"，参斗之牛多为十岁左右的壮年牛，斗牛场多在山谷空地，民众"坐山观牛斗"。斗牛前一夜，主人将斗牛洗刷干净，喂上等草料，邻里乡亲送来肉鱼烟酒，在牛主家摆酒设宴，表示祝贺和鼓励；斗牛前，给斗牛饮数斤黄酒，并让牛原地旋圈以增加牛的野性和爆发力，裁判还要先量牛角宽度，分出级别，再由同一级别的牛主抽签排定对手；比赛开始，分别站立在东西的两牛，一头颈系两根长剑似的茅草，意在增加驱邪佑安的神力，另一头在脑门戴红绸缠绕的草编圆垫，随着裁判的一声吆喝，两家主人放开缰绳，两牛扑向对方，牛头相撞，牛角互抵，牛身拱起，用前蹄相踢对方。围观人群喝彩助威。几经回合，败者仓惶逃离，胜者乘胜追击，整个斗牛场随着牛的追逃而形成全场旋转人流。按照规定，最后夺得桂冠的牛王，可得相当一头耕牛的奖金，此后它将身价百倍，全寨子人都倍感光荣。

苗族等南方民族的斗牛，展示了敬牛、爱牛、崇拜牛的民风民情，也与古代的牛图腾崇拜有关。

浙江金华汉族民间自古以来亦盛行斗牛娱乐习俗。相传自宋仁宗明道年间起，直至1949年的九百年间，斗牛之风延续不断。金华斗牛与西班牙斗牛不一样。西班牙斗牛是人和牛斗，场面惊险。金华斗牛是黄牛与黄牛相斗，场面壮观，整个过程充满和谐与欢乐，可谓"文明斗牛"。对此，著名的民俗学家钟敬文先生颇有见解地说，西班牙斗牛和金华斗牛，分别产生于两种经济组织的不同的时代，因此目的不同。西班牙斗牛是狩猎时代的产物，目的在于演习人对兽类的征服能力，或是对狩猎这种劳动方式的模仿；而金华斗牛，则是农业兼畜牧业时代的产物，目的在于显示与人类生活密切关联的牲畜体力。

金华的斗牛场地一般选择在广阔、平坦、四周环有小山的水田，大多属庙祠公产或私人捐献的土地，常常被用作斗牛专用之地，任其荒废而并不从事耕种。斗牛都是未经阉割的公牛，身体强健，性情凶暴，专门用以角斗而不从事耕作。斗牛的装束和入场顺序很有讲究，曾经荣获过冠军的，可以挂"帅"旗。斗牛对手的选择，要经过双方主人的预先商定。那

些因斗牛而结交的主人，俗称"牛亲家"。裁判一声令下斗牛开始，两牛相向突奔而来，善斗的牛，步伐稳健，勇猛强悍，用头和前腿压在对方颈上，叫"挂"；力压对方得胜，迫使对手退缩，叫"顶"；用颈部相抵，甚至将头伸向对方腹部，叫"并"；以角击打角者，叫"打角"。一旦分出胜负，在场观众掌声雷动，大声呼喊牛主姓名。斗败的牛或阉作耕牛，或宰杀食肉。优胜者凯旋而归，主人先将斗牛牵至溪塘边洗刷洁净，而后给它披戴凤冠彩帔，一路丝竹唢呐、锣鼓鞭炮而归。胜牛身价倍增，养尊处优，大麦、小麦、糯米饭、酒糟、黄豆之类的食物日日饲喂，待遇甚至优于一般农民的生活水平。在盛行斗牛的乡间，若有中等农户不饲养斗牛，就会受到舆论的指责，而中产以上的农户，也以饲养胜牛为荣耀。

牛吃的是草，挤的是奶，无论负物驮运，还是拉车拖犁，虽然遭受主人叱喝鞭打，却十分乖顺，绝无反抗，敦厚温顺，至死不辞劳役。千百年来人们对牛的印象和评价多是憨厚、诚实和任劳任怨。某种程度上，牛是一种精神象征，牛的品格就是人的品格，鲁迅有"俯首甘为孺子牛"之名句。

牛，在历史上给后世留下了许许多多的趣闻佳话，经过世代流传，浓缩成了典故与成语。像牛郎织女神话故事、对牛弹琴、牛鬼蛇神、庖丁解牛、挂牛头卖马肉等成语都为人们所熟知。"骑牛过关"是指道家学派的创始人老子，骑着青牛过函谷关，被尹喜发现，行弟子礼，拜其为师的故事。后来老子离开函谷关入秦，遍游秦国各地的名山大川，最后隐居于扶风一带讲学，传播道家思想，所写《道德经》，成为了道教的经典。五代时期前蜀的后主王衍凤辇出行，看见原野上一头肥牛正在埋头食草，他命令身边的一位伶人作一首咏牛诗。伶人脱口吟道：

> 曾遭宁戚鞭敲角，又被田单火燎身。
> 闲向斜阳嚼枯草，近来问喘更无人。

这四句中，有三句是典故。第一句来自"宁戚饭牛"。《吕氏春秋·举难》记载说，春秋时宁戚很穷，想见齐桓公而出仕，一天，他乘桓公出城迎客的机会，在车下喂牛，并扣牛角高歌。桓公闻而称赞其为"非常人"，命后车载之，拜为上卿。牛对宁戚的升达起了作用，他后来成为齐国的名相。第二句出自"火牛阵"典故。战国时期齐国名将田单，以火牛阵大败燕军，创造了历史上以弱胜强的光辉战例。《史记·田单列传》记载，燕将乐毅率兵伐齐，所向披靡，只剩莒和即墨两座城没有被攻陷，后来齐国用反间计解除了乐毅兵权。田单苦守即墨城，看到燕军因统帅乐毅被迫离开而突然放松警惕，便在城中聚积千余头牛，在它们身上披起画有五色龙形花纹的彩

衣，在牛角绑上利刀，在牛尾束起芦苇，浇以油脂，然后点燃芦苇，牛受惊吓愤怒冲城而出，五千壮士紧随其后，城上士兵击鼓助威，燕军溃败。田单利用火牛收复失地，牛的功劳很大。第四句是"丙吉问喘"的典故。汉代名相丙吉一次外出巡视时，在京郊遇上一桩杀人案件，但他不慌不忙，继续前行，随后看到一头牛在路边吐舌急喘，却立即停下来追问缘由。随从大为不解，抱怨说人命关天的大事不管，反而去关心一头喘气的病牛。丙吉告诉部下说，路遇杀人之事，自有地方官去过问，我不必插手；但牛喘气实则异常，有可能发生牛瘟或其他与民生疾苦有关的问题，这些事地方官员们不太关注，因此要查问清楚。实际上赞扬了贤臣关心民瘼、一心为国，颂扬为政者的风范。

"风马牛不相及"出自《左传·僖公四年》"君处北海，寡人处南海，唯是风马牛不相及也"一句，孔颖达解释道："牝牡相诱谓之风……此言'风马牛'，谓马牛风逸，牝牡相诱，盖是末界之微事，言此事不相及，故以取喻不相干也。"风在这里是放逸、走失的意思，谓齐楚两地相离甚远，马牛不会走失至对方地界。后世用来比喻事物之间的毫不相干。此典故源于春秋时期齐、楚两国战前的一场交涉。公元前656年即鲁僖公四年，齐桓公会盟北方七国后准备联合军队进攻楚国，楚成王知道消息后，深感齐国侵略毫无道理，一边结集大军准备迎战，一边派大夫屈完北上出使齐国。屈完对齐军说，你们居住在北方，我们楚国在南方，相互距离很远，即使是像马和牛与同类发生相诱而互相追逐的事，也不会跑到对方的境内去，没想到你们竟然进入我们楚国的领地，这是什么道理？齐国丞相管仲强词夺理，历数楚国不向周天子纳贡等"罪状"，并威胁说："你看，我们联军这么强大，你们怎能抵挡得住？"屈完不卑不亢地答："要是凭武力的话，楚国以方城（楚长城）作城墙，用汉水作濠沟，你们就是再来更多的军队，也未必打得进来。"一番唇枪舌剑，屈完把素以善辩著称的管仲驳得无话可说，齐军不敢轻举妄动，撤兵回国。

以牛为成语的也很多，如"充栋汗牛"谓书籍堆得高及栋梁，多至牛马运得出汗，形容藏书或著述丰富；"牛骥同槽"说牛与千里马同槽而食，比喻贤愚不分；"贩牛屠狗"指低贱之人从事低贱之业；"瘠牛羸豚" 意瘦弱的牛和猪，比喻弱小民族或国家；"九牛一毛"是讲九头牛身上的一根毛，比喻极其微小，微不足道，等等。

在人类社会发展过程中，马所起的作用可谓举足轻重。很难想像，如果没有马，今天的人类社会将会是怎样的情形。马中骏良神异者，得到人们普遍的喜爱和崇尚，亦在文献典籍中多有记载。《穆天子传》记周穆王姬满喜爱的八匹骏马个个神异骏逸："一名绝地，足不践土；二名翻羽，行越飞禽；三

名奔宵，夜行万里；四名越影，逐日而行；五名逾辉，毛色炳耀；六名超光，一形十影；七名腾雾，乘云而奔；八名挟翼，身有肉翅。"《汉书·张骞传》载汉武帝元狩年间"得乌孙马好，名曰天马。及得大宛汗血马益壮，更名乌孙马曰西极马，宛马曰天马"。《西京杂记》曰汉文帝自代还京，得到九匹良马，"皆天下骏足也。名曰浮云、赤电、绝群、逸群、紫燕骝、禄螭骢、龙子、嶙驹、绝尘，号九逸"。《隋书·吐谷浑传》云吐谷浑境内有青海湖，"中有小山，其俗至冬辄放牝马于其上，言得龙种。吐谷浑尝得波斯草马，放入海，因生骢驹，能日行千里，故时称青海骢焉"。历代人们如此向往好马、神马，也就有了相马之术。据说春秋时代的伯乐对于马的研究非常出色，倾毕生经验总结写成我国历史上第一部相马学著作《相马经》。伯乐相马的感性经验已时过境迁，但他的名字流芳千古，"伯乐"二字成了后世对善于发现人才者的美称。

元·赵孟頫《浴马图》局部

马是游牧民族的骄傲。生活在蒙古草原、青藏高原的蒙古族、藏族等游牧民族，自古以来逐水草而居，在这些民族的整个游牧文明形成和发展过程中，马所起的作用在某种程度上超过了人本身。当初处在严酷的自然环境开始游牧生产和生活时，所驯养的马与自己建立了极为密切的关系，举凡部落间的聚会、婚嫁、娱乐、会盟、交往等重大活动都离不开马。游牧民族在马背上纵横驰骋，接受八方来风，拓开新天地。在悠悠历史长河中，马的强悍有力、勇猛坚毅、奔腾向前的精神，始终伴随影响着这些民族，并融汇于这些民族的精神之中，马既是人们依托的挚友，又成为民族文化的象征。由于马所拥有的与其他动物不同的自身价值——疾驰如飞、灵活悟性、力量速度，以及在人们生产、生活中的至关重要的作用，马自然赢得了马背民族的人心，成为整个游牧民族的图腾象征，有关马的民俗随之形成：如遍布华夏的祭马信仰民俗，春祭马祖，夏祭先牧，秋祭马社，冬祭马步。马祖为天驷，是马在天上的星宿；先牧是开始教人牧马的神灵；马社是马厩中的土地神；而马步为马灾害的神灵。打马鬃、钉马掌、烙马印、酿马奶酒等生产民俗，拴马、跑马、赛马、马上技巧等游艺民俗，则流行在游牧民族中间。

骏马造就英雄，英雄依赖骏马，蒙古族的马崇拜与英雄崇拜是密切联系在一起的。在蒙古族英雄史诗中，英雄与马从来

就是合而为一的，英雄所骑乘的骏马，集兽性、神性和人性于一体，它们不但同英雄一样勇敢坚强，富有超人智慧，往往在关键时刻，是英雄的救星，也是最后战胜恶魔的决定因素。

蒙古族的马崇拜还体现在祭祀与殉葬中。坐落于内蒙古鄂尔多斯市伊金霍洛旗甘德利草原上的成吉思汗陵，又称为"八白室"，其中就有专门存祭成吉思汗生前使用的弓箭和马鞍、盛马奶祭祀苍天的木制桶等的宫室。将成吉思汗生前坐骑的专用鞍具进行祭奉，足见马的崇高地位。每当举行四季大奠时，由专门进行祭祀活动的人将成吉思汗生前骑过的八骏的转世银白色骏马，搭上整套鞍具，请到陵前，供人们祭拜。平时，这匹转世的骏马被视为神马，在鄂尔多斯草原自由放生，任其自然生息，任何人都不会乘骑和使用。有时走进谁家畜群或饲料基地时，人们会惊喜万分，急忙前去跪拜或拿出鲜奶等祭物敬奉。神马老后要转世，选择非常严格。相传"转世马"是苍天的化身与使者，象征着草原的美丽富饶，象征着牧民善良纯洁的心灵，并祝福牧民生活富裕安康，故而深受蒙古族的崇拜。

以马殉葬的习俗由来已久，在蒙古帝国贵由汗时期，来蒙古高原的欧洲旅行家普兰·卡尔宾曾在其《蒙古史》一书中，对屠马殉葬习俗做过较详细的记述。蒙古族英雄史诗《江格尔》中，英雄洪古尔在出征的路途，特意提到将"棕色无驹骒马牵到山坡屠杀后祭祀故土山水"一事。而考古学者曾在鄂尔

清·郎世宁等《马术图》局部

多斯高原发掘出多处匈奴时期的马殉葬墓穴。这种古老的马殉葬仪式，源于游牧民族原始先民的马崇拜观念与"万物有灵"观念。认为马是通天的神灵，人与马一同下葬，能把自己的灵魂带入天堂，继续受到马的保护和恩惠。

蒙古族人人喜爱马，在他们心目中马是神圣动物，把马当做最崇拜的偶像之一。老牧民们都说马是有灵性的、神圣的动物，一定要好生善待。对那些不爱护自己的马、乱打乱骑乱使用的人，长辈们要严厉训说，同时传教养马、护马的技巧。他们崇尚马，以马喻人，留下了至理名言：

木匠爱锯，蒙古人爱马；

羊头是珍贵物，马头是聚宝盆；

有马有权，不是亲属也来攀亲；

马死权丢，就是亲人也不相认；

人能认识自己才算是真正的人，

马能辨认草原才算是一匹骏马；

愚蠢的人夸自己的孩子，聪明人夸草原良骥。

流传的民间歌谣《蒙古赞词》夸赞良马道：

它那飘飘欲舞的轻美长鬃，好像闪闪发光的金伞随风旋转；

它那炯炯放光的两只眼睛，好像一只金鱼在水中游玩；

它那宽广无比的胸膛，好像盛满了甘露的宝瓶；

它那精神抖擞的两只耳朵，好像山顶上盛开的莲花瓣。

蒙古族就是这样按照自己的审美情趣和价值观，十分爱怜地、饱含深情地描绘自己朝夕难离的伙伴。对马的命名也充满了赞赏之辞，如追风马、流云马、白龙马、青龙马、千里马等。出于对马的热爱，形成了有关马的节日，如马奶节、打马鬃节、那达慕等，其中那达慕大会上的赛马是最为盛大的节日活动。

在蒙古族的观念中，马是精神的象征，好运的前兆。无论参与赛马或观看赛马，人们看重比赛时马的速度与力量，更在意驯马人的智慧较量。依据节日规模，参加赛马者少则数十人，多则数百人。比赛项目主要有三十公里赛、十五公里赛，走马赛、颠马赛和圈马赛。先跑到敖包者为头马，然后取第二名、第三名，依次排名到第三十三名为止。头马赏银钱，还赐"阿拉坦萨德勒"（意为"金座子"）之类荣耀的名字。对比赛中落伍的、最后的马，人们用讥笑手段来刺激和鼓励落后骑手，希望他在下次赛马中勇夺桂冠。

马同样是青藏高原民族生活中须臾不离的伴侣，尤其在藏族的生活史和文化史中，马扮演了重要角色，诚如他们在民歌中所唱：

要问谁是我的朋友，

胯下的骏马就是我的朋友。

　　　　——四川道孚

你来自上方还是下方，

要是来自上方的桑示尔，

请问我的马儿是否还在桑示尔，

它在马群中是否过得很舒服，

请别隐瞒告诉我，

我想它想得过不了日子。

　　　　——甘肃夏河

藏族民歌中视骏马、骑马人及所佩戴长刀为吉祥三宝：

矫健的骏马备上金鞍，

英武的青年骑在马背，

锋利的长刀别在腰里。

这三宝象征着吉祥平安。

我用这三宝祝吉祥，

祝愿家乡像巍峨的雪山。

藏族对马充满深厚情感，夸耀、赞誉之词不绝于耳。关于家马的来历，藏族民间有著名的《马和野马》神话故事：

> 九重天里的一匹小马来到人间，与吉隆当哇的马王结合，生了"小马三兄弟，小驹三昆季"，小马三兄弟分别去三处谋生，大哥因与野公牛相斗而被其挑死，小弟闻悉欲报兄之仇，但二兄不肯，最后小弟找到人帮忙杀死了野公牛，他为报答人的恩情而与人结为朋友，成了家马；二兄则到处流浪，成为野马。

这则故事说明，产生神话的远古时代，马就与人为伴了。民间故事中的马，因毛色不同而有不同的象征意义，如白马、黄金马、黑马，有的象征宇宙自然，有的象征灵魂使者等，含有神圣、辟邪、权威和吉祥之意。

藏族喜欢赛马，这是一项藏民族最持久、最普遍的群众性活动，不仅是农牧民闲暇之余集会、交流农牧业生产经验的机会，而且是藏民族精神的展示。在所有藏族民间节日中，几乎都有赛马活动，此项活动的历史也很悠久。清朝时，由西藏地方政府出面，在正月节日期间举行赛马活动。无名氏著《西藏志》云："二十三日，郡王及噶隆、喋巴并有名大喇嘛，各出

八九岁以至十四五岁幼童数名，快马数匹，跑马自色拉寺东山脚起，由布达拉宫至工布堂，约三十里，一气跑到，先到者赏绸缎、哈达、银钱等物，其次到、后到者各分赏有差。"而现在的藏族民间，赛马节一般在藏历七八月间举行，历时五至七天。届时人们从四面八方汇聚一处，搭帐而居，一夜之间，一座座帐篷便会搭满赛马会场四周，连成一片蔚为壮观的"城市"。身着节日盛装的参赛者进行各种马术表演，如飞马弯腰拣拾哈达、驰马拔旗或斩旗、马上打靶射箭、集体驰马射击等马上技巧表演。观者如潮，惊叹声、鼓励声此起彼伏，为骑手们的高超骑艺和精彩表演大声叫好。

甘肃天祝藏族自治县的赛马节，每年八月一日举行，在开幕式上必鸣礼炮十三响，是为纪念古代华锐部落在抵御外部族的战斗中英勇献身的十三位英雄而设，以表示对牺牲的十三位英雄的敬意。盘坡赛马节，又称峨堡会，是青海门源回族自治县附近的藏族、蒙古族、土族、回族和汉族等各族民众盛大的赛马会，于每年农历八月间举行。这是一个各民族平等交流、融洽团结的盛会，使宁静辽阔的大草原平添了几分欢乐与祥和。四川阿坝藏族自治州传统的赛马节，在每年七月的阿坝草原举办，相传是沿袭藏族英雄格萨尔王时代的赛马活动而形成的节日。这里的赛马引进现代赛马竞技规章，分各种距离的速度赛、接力赛、乘马射击和耍枪、抢羊表演赛等。获得第一名的骑手，十分骄傲地接受献哈达之礼。夺得第一名的马，此后不再让它干重活，专门喂养起来，供赛马或给贵宾当坐骑。

藏族在日常生活中，对马的情感神圣化、神灵化，他们认为马能决定部族命运和部族的领袖，举行赛马包含有对英雄的崇拜。许多藏区的赛马节就是沿袭格萨尔王每次出征前要举行跑马射箭的习俗而形成，格萨尔本人也是通过赛马比赛获得胜利被民众拥戴为王的。《格萨尔王传》的分章本《赛马称王》，专门叙述格萨尔经过赛马夺冠而成为岭国国王的事迹。岭国举行赛马大会的消息传遍整个草原，奖品异常诱人，如果有谁获得第一，就会娶到岭国嘉洛部落的美女珠牡，并可登上岭国国王的宝座统治草原。历经磨难的少年英雄格萨尔，和母亲相依为命，过着饥寒交迫的生活，他参加赛马时，衣衫褴褛，蓬头垢面，而十八个部落的九百名骑手，个个衣着光鲜，意志昂扬。按照规定，赛马的日期选在孟夏上弦13日，里程为犏牛行程十八站，徒步行走需要十三天，以阿玉底山为起点，古热扎石山为终点。比赛开始时，飞驰的马群"上山时像黄羊一样跳跃，平坝里似黑鲷翻飞，下坡时犹如擂石翻滚"，场面壮观，紧张激烈。而那些飞奔的骏马个个训练有素，史诗中这样写道：

上跑像白鹰疾飞，

那是神智赤兔千里马，

是世界会飞赤色千里马；

直跑像有翅力的鸽子，

那是大力千山白千里马，

是会飞无双玉鸟千里马；

下跑像卷线球，

那是黑风狂卷千里马，

如妇女的线团向下滚动，

像水中的鱼儿在水中游泳，

那是无双汉鸟白支千里马；

……

这些世界上最快最有脚力的骏马，

都出现在跑马的路上。

赛马显然是为了提高骑术和驯练马奔跑的速度。格萨尔在各路神灵的协助下，骑着赤兔马一路飞奔，率先到达终点获得胜利，纳妃称王。刹那间，格萨尔得到天地间最上乘的青铜头盔与铠甲、无敌神弓宝剑和劈山斧利刃刀、不朽的长寿衣、威震鬼神的藏靴等世间所没有的神奇武器和衣服，摇身一变，成为神通广大、战无不胜的英勇首领，从此开始了他征战四方、除暴安良的辉煌人生。

狗腿子

早在石器时代，狗就与人类一起生活，结下了深厚的伙伴关系。科学家称狗是人类最出色、最完美的战利品，并认为人类最原始的艺术乃是对狗的驯养。考古学资料表明，从公元前1000年以后的人类居住区遗址上，都发现有狗的遗骨。人类先是驯养看家狗、猎狗，在看家护院、守护畜群、守卫宫殿庙宇、捕获猎物、清理残渣弃骨等方面，持久地发挥了作用。后来人类又驯养各类工作犬、宠物狗等，承担起为体弱病残者领路、报警、斗角、攻击敌人、送信、战时守护营房，以及作为家庭成员等工作和角色。最终，狗在人类社会里获得了居住权。

西方的语言文化中，狗是人类生活的一部分，是人类忠实的朋友。而且在文学语言中对狗的描写多为正面。比如：

Love me, love my dog.（爱屋及乌）

Every dog has his day.（凡人皆有得意日）

Barking dogs seldom bite.（吠犬不咬人）

A good dog deserves a good bone.（立功者受奖）

He worked like a dog.（他工作很卖力）

Let sleeping dogs lie.（莫惹是非）

A living dog is better than a dead lion .（死狮不如活狗，意为凡事讲求实际）

An old dog barks not in vain.（老狗不乱咬，意为老年人做事有经验）

top dog（指经奋斗而居高位者；竞争中夺魁者，优胜者；

a lucky dog（幸运儿）

狗在西方不仅代表着善猎、忠诚、警觉性和勇气，而且还具有引导灵魂穿越地府的象征意义。古埃及与古希腊人常把狗作为献给亡灵的牺牲品来陪葬，他们相信狗可以陪伴其主人在另一个世界里生活。狗在墨西哥传统文化中，既是祭品，又是殉葬品，是引导死者灵魂奔赴来世的向导。有着狗外形的索罗托尔神是带领亡灵渡过"九重河"，直达地府的神灵。狗还是男性、太阳、风与火的象征。在凯尔特人的传统文化中，狗代表了康复。

在古代中国，狗是"六畜"之一，在多数情况下称呼为犬，并有许多名目，《说文解字》曰："尨，犬之多毛者。

……猲，短喙犬也。……猇，长喙犬也。……獒，犬知人心可使者。……狱，健犬也。……"这些名称中反映了狗的形态、习性及特性。如果把神话传说中的狗罗列出来，就是一个庞大的狗家族，奇特可观。

《山海经》曰："蛫犬如犬，青色，食人从首始。"又曰："阴山……有兽焉，其状如狸而白首，名曰天狗。"

《白泽图》曰："黑狗白头，长耳卷尾，龙也。"

《穆天子传》曰："天子之狗，走百里，执虎豹也。"

《魏晋俗语》曰："太康七年，天郊坛下，有白犬，高三尺，光色鲜明。恒卧，见人辄去。"

这些典籍中的狗，很多是狗中的怪异者，或许不存在于世，更多地出于人们的揣测与想像。而在文人笔下，狗被频频描写，北魏贾岱宗《大狗赋》颇有代表性：

东汉·绿釉陶狗

余处大魏之祚，迸在朔阳，越彼西

旅，大犬是获。形体如剸削，像貌如刻画，毛翰紫艳光，双眉如白璧。爪类刀戈，牙如交戟。盼攀而奋怒，挥霍而振掷。譬若天梁折，地柱劈，倒曳白象挫其腰，啮掣六驳折其脊。爪处如钩牙，捩刳似矛刺。

从中看出，狗的形象威风凛凛，气度不凡。在民间故事中狗虽偶尔为害，但远不至于像妖狐、狼外婆那样遭人憎恶。

狗对人忠心耿耿，唯主人之命是从。如果有生人进入主人领地或家中，狗用叫声通知主人，然后不顾一切扑向来人狂吠狠咬，直到主人大声呵斥为止；每当主人夸赞它，赏一根骨头或其他食物，它就会摇头晃尾，竭尽献媚讨好之能事。也正因为狗有这样一些习性，因此在现实生活中被人们所引申使用，

北朝·陶母子狗

举凡与狗有关的事物大多含有贬义，借以谩骂、嘲讽那些像狗一样谄媚主人、欺

软怕硬、奴颜卑膝，没有人格尊严、没有道德良知，甚至出卖民族国家利益的人。

在古典戏剧、小说中，以狗骂人者比比皆是。以元杂剧为例：《小尉迟》第二折李道宗请战时说："小子道宗听得刘季真那狗刮头下将战书来，气得我酒肉也吃不得。"《争报恩》第二折说："呸！不识羞耻的狗骨头，这个是你的儿，你的女？恼了我，扇你那贼子孩儿。"《遇上皇》第一折说："父亲！和这等东西有什么好话，讲出什么理来，狗口里吐不出象牙。向前打这贪酒不干营生糟丑生贼弟子孩儿。"以小说为例：《金瓶梅》第二十二回："就是你这狗骨秃儿的鬼，你几时往后边去？就来哄我。"《清平山堂话本·快嘴李翠莲》中李翠莲说："莫怪我骂你丑，真是白对面老母狗。"这些林林总总的语言，都以狗为指代，几乎没有一个是褒义词。

一些和狗有关的成语更是充斥贬义色彩。旧时富人家的公子哥儿寻欢作乐，被斥为"飞鹰走狗"；奴才仗着主子的恶势力欺压老百姓，被骂作"狗仗人势"；说一个人的品行卑劣到极点，那是"猪狗不如"；说一个人的生活荒淫无耻，是"声色犬马"；无所适从、到处乱窜者为丧家之狗；结交不正当朋友者为狐朋狗友；贪婪狠毒者为狼心狗肺。旧时的兵痞丘八叫"白狗子"，汉奸叫"黑狗子"或"哈巴狗"，特务叫"狗特务"，财主为狗地主。而在"文革"时，大字报上常见的有侮

辱性字眼："某某是某某的走狗"、"帝国主义的走狗"、"资本家的走狗"，连同他们的子女都被污称为"狗崽子"等等。

　　还有一些骂语，如狗头军师、狗血淋头、狗眼看人低、狗嘴里吐不出象牙来、狗骨头，将人体骂个遍。在国人的"国骂"中，"狗辈"、"狗娘养的"，必是最恶毒的诅咒。另有狗肉上不了席、狗屁不如、狗皮膏药、狗尾续貂、狗改不了吃屎、鸡飞狗跳等等。这些词组短语，皆汇成一个共同指向，直斥生活中的某些人有着像狗一样的本性与奴性。同

南宋·李迪《猎犬图》

样，在一些歇后语中，与狗相关的大多为贬义：

狗掀帘子——嘴对嘴

狗拿耗子——多管闲事

挂羊头——卖狗肉

狗咬尿脬——空喜欢

肉包子打狗——有去无回

狗咬秤砣——好硬的嘴

狗舔磨台——空转一回

狗咬狗——一嘴毛

狗咬嚼子——胡勒

从上述种种语汇可知，人们对于狗的看法，以及狗在民俗语言中的形象，既无缘像龙凤麒麟一般获得图腾似的尊崇，也不能如狮虎龟鹤那样被列为吉兽而为人歌颂，甚至连作为牺牲以配享祖先神灵的资格也没有。虽然在现实生活中，人和狗的关系也相处得很好，并不见得民众对狗有多厌恶。但是千百年来人们观察到"狗"的某些习性相类似于某些人的品行，如低贱、无聊、奴性等，深深地融进民众的语言和思维之中，故而对人忠诚的狗沦落至极端而被人们用作骂人的成语、俗语或词汇。与狗有关的事物皆成为象征，其中"狗腿子"一词最具典

型意义。当国家和民族处于生死存亡的关头，人们对于卖身求荣、死心塌地甘当卖国贼的汉奸则直斥以"狗腿子"、"狗汉奸"。

鲁迅在《"丧家的""资本家的乏走狗"》一文中，曾极具形象地把狗腿子的"狗性"描绘出来，犀利而尖锐地指出：狗腿子"遇见所有的阔人都驯良，遇见所有的穷人都狂吠。……即使无人豢养，饿的精瘦，变成野狗了，但还是遇见所有的阔人都驯良，遇见所有的穷人都狂吠的，不过这时它就愈不明白谁是主子了"。并总结狗的特质是：见到所有的富人皆摇尾乞怜，见到所有的穷人都狂吠不止，那些"落水狗"、"叭儿狗"以及"丧家的资本家的乏走狗"的卑怯形象跃然纸上，正直的人们读了这篇文章，顿觉酣畅淋漓，不禁拍手称快。

"狗腿子"，即走狗，汉语言词典上解释为"给有势力的坏人奔走帮凶的人"。旧时把那些衙门里的衙役、乡里的乡丁、权贵大户的家丁，均骂称为狗腿子。因为这些人，活像一群被豢养的恶狗，在其主子面前，俯首贴耳、阿谀奉承、摇尾乞怜，极力博得主子的欢心，一副十足的奴才像。但他们在普通老百姓面前，却威风十足，恃强凌弱欺男霸女，打杀抢夺无恶不作，又是一副"狗腿子"嘴脸。

在民间，关于"狗腿子"来历的故事流传不少，异文很多。传说富人（或县官一类）的腿有毛病，一个奴才为讨好主人欢心，主动要求截下自己的腿为主人接上。主人问："你自己的腿怎么办呢？"奴才说："我可以接上一条狗腿。""那狗的腿又怎么办呢？""给狗用泥巴捏上一条腿。"所以，狗在撒尿时，总要把后边一条腿跷起来，担心那条用泥巴捏的腿让尿给冲掉。故事中的正面人物都是鬼谷子、济公和尚、李时珍等名医，他们妙手回春，用高超的医术为权贵治疗病腿，借机锯下恶奴或恶吏的腿，替换主子的坏腿，以惩治恶人。如：

从前，一县官老婆生病，到处寻医问药都好不了。听说鬼谷子是神医，就派人请来看病了。鬼谷子把脉后说："老爷，你家娘子的病是骨病，只要依我办法，十天后可医好。"县官一听就连忙说："依你，依你！"鬼谷子说："不过她要换条腿才行，至于由什么人的腿子来换，听我的。"县官只想要老婆的病好，不管三七二十一，连声答应说："行，行，行……"

第十天，鬼谷子让县官把衙门中人全都喊出来说："你家老爷的娘子腿有病，需要换个腿，现在打算找一个合适的人腿。"大家相互张望，个个吓得直哆嗦。最后，鬼谷子对一个肥头胖脑、老百姓最恨的衙役说："你的腿要割下来，

换给老爷娘子最合适。"那家伙"扑通"一声跪地上求饶说："老爷，我的腿有……"鬼谷子不等他说完，就接着说："有用，有用，你这腿有用。"随即叫人把他的腿割下来换给县官老婆。胖衙役哭丧脸着说："县官老爷，我的腿怎么办呢？"鬼谷子说："我当然有办法。"就叫人把衙门口一条狗的腿割下来安装上并说："这不就行了吗！不过只是长短不一，行走起来有些一高一低的。"那只狗是因为闻到血腥而来，原想可以吃到一些好吃的，谁知却倒了大霉，跑来白白送掉了一条腿，便汪汪的叫个不停。鬼谷子便对狗说："你也不要伤心，我也弄条腿给你接上吧。"他叫衙役从外边弄了一些泥土进来，用水调湿，按着狗腿原样，搓了一条泥腿，公狗虽然接的是一条泥腿，但与原来的肉腿没有什么差别，能跑会跳，行动自如，只是在撒尿时，怕尿水湿了泥腿，总是将这条腿往上跷着。 因为衙役有一条腿是狗腿，从此"狗腿子"就成了这些人的代名词了。

从此，人们把那些专门在上司面前讨好，坑害老百姓的人称为"狗腿子"。与明朝著名医学家李时珍有关的故事则是这样讲的：

在明朝的时候，蕲州李家垸的李时珍和他的叔伯弟弟李二癞子一起学医。李时珍一心想学真本事，刻苦读书，终于成了远近有名的医生。李二癞子家中富足，毫无用心地混了几年，不会开药方，也不会阉猪狗，倒是嫖赌逍遥，无恶不作，还凭着他的吹嘘功夫，在县老爷那里弄到了一个衙役差事。

李二癞子当上衙役以后样样如意，就是一宗事不称心："当衙役总还是听老爷使唤，公事跑断腿，油水不沾嘴。要是没有李时珍，周围七乡八县的人有个三灾两病不找我李二癞子又找哪个？"越想李时珍越恨得要死。这个人头上长疮，脚底流脓——坏透了。说也凑巧，县老爷有个毛病，从娘肚子里出来就是一条瘸腿。他以一县之尊请了好多高明的郎中诊治，就是治不了。李二癞子一宝押定，认准李时珍，如果治不好县老爷的腿，就想借县老爷的手，将李时珍置于死地。 一天，李二癞子点头哈腰地对县老爷说："李时珍包医百病，远近有名。你老人家的那条腿，要是叫李时珍来，一定诊得好。"县老爷一听，赶忙命人找来李时珍。李二癞子拿起一根绳，找到李时珍，套上绳子拖着跑来县衙。李时珍一看县老爷那条瘦得像根枯竹棍的腿，就皱起了眉头。站在一边的李二癞子赶忙说："老爷老爷，李时珍皱眉头，想必是诊不好你老人家的腿，快把他杀了吧!"县老爷一看李时珍果真在皱眉头，便叫了一声："来人!"

没等李二癞子动手，李时珍不慌不忙地说："老爷，你的腿我能诊好，只是要换上一个人的好腿。"县老爷说："我是一县的父母官，要哪个人的腿由你选，我马上把他传来。"李时珍转身指着李二癞子说："老爷，这个人须得跟你合得心，共得血，身子好，跑得快才行。我看李二癞子顶合适。"县老爷当即命令道："来人，把李二癞子的腿砍下来!"李时珍把李二癞子的腿接到县老爷的腿上，李二癞子转身又向李时珍求情："李大哥，你不看僧面看佛面，我俩是同学，你还是我的叔伯哥哥，也给我接上一条腿吧。"正好县老爷的一只大黄狗从衙门前走过，又高又壮。李时珍一看，就叫人把这条狗的后腿砍下来，接在李二癞子的腿上。

李二癞子换上了一只狗腿，过了三天也能下床了。李二癞子一跳，蹦得老高；一跑，比狗还快。从此以后，当地老百姓就叫他"狗腿子"。在县官老爷的请求下，李时珍用糯米和黄泥巴给狗接上了一条腿。这狗也晓得腿是用黄泥巴捏的，撒尿时怕尿淋坏了泥巴腿，总要把腿跷起来。

与狗有关的民俗语言凝聚了贬义的色彩，"狗腿子"这个极富象征性的词语，在某种程度上体现了中国人的善恶观，多多少少可以看出中国人对一些事象的心理定势和价值判断。

兔崽子

在中国传统文化中，月亮与白兔紧紧地联系在一起。每当夜幕降临，一轮明月升上夜空，月光如水银般洒满大地，使人产生无数情思与遐想。种种联想的结果，产生了优美绚丽的月亮神话。常羲浴月、后羿射日、嫦娥奔月、玉兔捣药和吴刚伐桂等等精彩的神话故事，一同构成了中国完整的月亮神话系统。要了解"兔崽子"这个词的内涵与演变，须从月亮神话说起。

世界上很多民族都把月亮比拟为兔子。神话叙述里"月中有兔"的说法长期流传。屈原《楚辞·天问》曰："夜光何德，死则又育？厥利维何，而顾菟在腹？"东汉王逸在注释时说："夜光，是指月亮；育，是生的意思。"这几句话的意思是说：月亮你有何功德，圆缺周始竟然长生不老？你清清静静，为什么肚中还养了一只兔子？后世人们理解"顾菟"，就是指"回头看的兔子"。王逸解释说月亮中有兔子，而这只兔子正在回头张望。

由于人们认为月亮上面有兔子，它在不停地为神仙们捣药，月亮就有了许多充满诗情画意的别称：玉兔、白兔、银兔、冰兔、金兔、玄兔、卧兔、兔影、兔辉、兔月、月兔等。

后来，月中玉兔又和嫦娥奔月神话联系在一起。据《淮南子》等记载，后羿射日而谪居下凡，觉得对不起受他连累的妻子，便到西王母那里去求来长生不死之药，好让他们夫妻二人在世间永远幸福地生活下去。嫦娥却过不惯清苦的生活，乘后羿不在家的时候，偷吃了全部的长生不死药，奔逃飞到了月宫。但琼楼玉宇，高处不胜寒，所谓"嫦娥应悔偷灵药，碧海青天夜夜心"，孤独寂寞，倍觉凄凉。该书又说，羿从西王母处请来不死之药，逢蒙听说后前去偷窃，偷窃不成就要加害嫦娥。情急之下，嫦娥吞下不死药飞到了天上，滞留在月亮广寒宫。广寒宫里寂寥难耐，于是嫦娥就催促被贬在此的仙人吴刚砍伐桂树，让玉兔捣药，想配成飞升之药，好早日回到人间与羿团聚。

唐朝时，佛教徒把印度的兔子传说与本土情感思想糅合为中国"兔子成道"的故事：在森林里，住着兔子、狐狸和猴子三个好朋友。由于当时适逢战乱，民不聊生，很多人没有东西吃。有一天，它们在门口发现一位因饥饿而昏倒的老公公。为救活老公公，朋友们分头出去找食物，但未能找到。兔子为了解除大家的饥饿，便自愿牺牲自己。当兔子跳入热锅的一刹那，突然有一双温暖的大手，将兔子从滚烫的锅里捞出来。原来，兔子的善心，感动了佛祖，将兔子解救出来，并且封它为"玉兔"，在月亮里陪伴月神娘娘嫦娥，让大家时时感念兔子

玉兔捣药图（汉画像石）

的慈悲心肠。

中唐以后，随着中秋节俗在民间的流行，玉兔也成为民间的膜拜神灵，形象更加生动。中秋夜晚，皓月当空，家家户户在庭院中设一香案，上面摆了月饼（又称团圆饼）、水果等供品，由家中女主人主持祭拜月亮。祭毕，一家人围桌而坐，饮团圆酒，吃团圆饼。祭月古俗一直在民间流传。

后来，人们按照月宫里有嫦娥玉兔的说法，把玉兔进一步艺术化、人格化，乃至神化，用泥巴塑造成各种不同形式的玉兔，并称之为"兔儿爷"。明代文人纪坤《花王阁剩稿》记当时北京中秋节："多以泥抟兔形，衣冠踞坐如人状，儿女祀而拜之。"清代由潘荣陛、富察敦崇著《燕京岁时记》载："每届中秋，市人之巧者，用黄土抟成蟾兔之像以出售，谓之兔儿爷。"兔儿爷的质料为泥胎，身高从二三寸至三四尺不等；形

象是兔首人身，均是粉白面孔，头戴金盔，身披甲胄，背插令
旗或伞盖，脸贴金泥，身施彩绘，或坐或立，它的坐骑有狮、
虎、鹿、象等，左手托臼，右手执杵，做捣药状。商贩们为了
招揽生意，刻意扮成兔首人身的"兔儿爷"，正如清人方元鵾
《都门杂咏》所写："儿女先时争礼拜，担边买得兔儿爷。"
经过民间艺人的大胆创造，兔子已经人格化了。关于"兔儿
爷"的来历，还流传着一段故事：

清·兔儿爷

传说某一年，北京城
里忽然发生了瘟疫，漫延
各处无法控制。这种情景
被广寒宫的嫦娥看到，心
中十分难过，就派身边的
玉兔为百姓们治病。玉兔
变成一个少女，挨家挨户
地治好了很多人。人们为
了感谢玉兔，纷纷送来东
西。可玉兔什么也不要，
只是向别人借衣服穿，每
到一处就换一身装扮，有
时候像个卖油的，有时候

又像个算命的，忽而男人装束，忽而女人打扮。玉兔为了能给更多的人治病，就骑上马、鹿或狮子、老虎，走遍了京城的各个角落。平息了京城瘟疫之后，玉兔就回到月宫中去了。人们为感谢玉兔的救治之恩，就用泥塑造玉兔各种形象，有的骑鹿，有的乘凤，有的披挂铠甲，千姿百态，非常可爱。每到农历八月十五那一天，家家都要供奉玉兔，摆上新鲜好吃的瓜果菜豆，以酬谢玉兔给人间带来的吉祥和幸福，并亲切地称之为"兔儿爷"、"兔奶奶"。

可是，民间关于兔儿爷的歇后语，就没有崇拜心理和尊敬之语了：

兔儿爷拍心口——没心没肺

兔儿爷折跟头——窝了犄角

兔儿爷掏耳朵——崴泥

兔儿爷满山跑——还是归老窝

兔儿爷洗澡——一摊泥

兔儿爷打架——散摊子

兔儿爷带胡子——假充老人儿

原本性情温和而形象柔美的玉兔，自元代以后，在人们

的日常用语中渐渐变得不可爱了，被用作恶称，诬为血统不纯、"不夫而妊"的无耻之物。前述陶宗仪《南村辍耕录》卷二十八《废家子孙诗》中有"宅眷皆为撑目兔"一句，作者作注说明："夫兔撑目望月而孕，则妇女不夫而妊也。"此时的"兔"已经被用作詈词了。古人对于一些动物的生理特点不甚了解，发现兔子的生殖能力很强，一月一产，一次可产子四五只，产后即可交配怀孕，生育周期一般是二十八天或三十天，所以把兔子也叫"月兔"，这个周期恰好与月亮盈亏的周期相重合。由于这个原因，古人很容易就把兔子的生殖和月亮的盈亏联系起来，把兔子叫做"明月之精"。另外，古人认为，兔子没有阴门，所生的小兔子是从口里吐出来的。王充《论衡·奇怪》便说："兔舐毫而孕，及其生子，从口而出也。"相传兔子的生殖与月亮有关系，如果明月当空高照，兔子就能多生育，如果是阴云密布没有月亮，兔子就不能怀孕生子，所谓"望月而孕"。在古人眼中兔子无父而孕，是"单性生殖"，"撑目兔"是谓家中妇女不夫而孕，行为不轨，实际上是在诋毁女性。

"兔崽子"一词，《现代汉语词典》释为："幼小的兔子。多用做骂人的话。"作为辱骂人的一般性用语，使用非常广泛。晚清吴趼人《二十年目睹之怪现状》第八十三回："你便老贱不拣人家，我的女儿虽是生得十分丑陋，也不至于给兔崽子做老婆！"到了现代，詈义开始泛化。老舍《二马》：
"你，兔崽子！你敢瞪我！敢指着脸子教训我！我是你爸!"
显然，该处"兔崽子"只是父亲对儿子的愤激之词。"小兔崽

清·冷枚《梧桐双兔图》

子"，则指缺乏礼貌的讨人厌的孩子。而巴金《生活在英雄们的中间》中"谈到打垮敌人、敌人狼狈逃窜的时候，他又会骂着兔崽子哈哈笑起来"，这里又带着明显的敌我斗争、蔑视敌方的含义。

在北方方言中，也有骂"兔儿爷"或"兔相公"，原因在于"兔儿爷"或者"兔相公"本意是说某个男人有同性恋倾向，又有"吃软饭"的意思。

由于古人的信仰——兔子"望月而孕"所致，无辜的兔子背上了骂名，成为民俗语言中一个具有负面意义的象征性词汇。无独有偶，在西方文化中，兔子特别高的繁殖率和随时交配的生理特点使之成为贪欲的象征，也是多产和性欲旺盛的象征。

深入阅读

1、袁珂《中国神话史》，上海文艺出版社，1988年。

2、索文清主编《中国少数民族民俗大观》，福建人民出版社，1998年。

3、马学良主编《中国少数民族民俗大辞典》，内蒙古人民出版社，1995年。

4、叶大兵、乌丙安主编《中国风俗辞典》，上海辞书出版社，1990年。

5、祁连休、肖莉主编《中国传说故事大辞典》，中国文联出版公司，1992年。

6、丁广惠《中国古代民俗文化史》（原始社会卷），黑龙江人民出版社，1994年。

7、车锡伦、孙叔瀛编《中国精怪故事》，上海文艺出版社，1995年。

8、山民《狐狸信仰之谜》，学苑出版社，1994年。

9、陶阳、钟秀编《中国创世神话》，上海人民出版社，1989年。

10、任骋《中国民间禁忌》，作家出版社，1991年。

11、龚维英《原始崇拜纲要——中华图腾文化与生殖文化》，中国民间文艺出版社，1989年。

12、《中华民族故事大系》编委会编《中华民族故事大系》，上海文艺出版社，1980年。

13、刘守华《中国民间故事史》，湖北教育出版社，1999年。

14、刘守华主编《中国民间故事类型研究》，华中师范大学出版社，2002年。

15、完颜绍元编《中国风俗之谜》，内蒙古人民出版社，2003年。

16、檀明山主编《象征学全书》，台海出版社，2001年。